1万2000人の親が学力アップを実感！

男の子をやる気にさせる勉強法

日本親勉アカデミー協会　代表理事
小室尚子
Naoko Komuro

祥伝社

プロローグ

「早く宿題終わらせちゃいなさい！」
「何度言ったらわかるの！」
「帰ってきたら手洗い・うがいでしょ！」

男の子を持つお母さんの日常は、常に戦闘モード。
言ったことが通じない。忘れ物も日常茶飯事《にちじょうさはんじ》。
お風呂から上がったら、タオルで体をふかないまま、あちこち走り回ったり、
宿題が終わらないうちに、いつの間にか遊びに行こうとしたり……。

男の子に、マニュアル通りの子育ては通用しません。

女の子なら、おもちゃや本を渡しておけばひとりで静かに遊んでいますが、行

動範囲半径２００メートルで遊ぶ男の子の場合、そうはいきません。ですからお母さんは、家事をしている間も何かやらかさないかソワソワして、とてつもなく消耗してしまいます。

はっきり申し上げて、**女の子を育てる１００倍は大変**だと言えるでしょう。

（男の子を持つ全国のお母さん、毎日本当にお疲れさまです！）

小学生になると、本格的に勉強も始まるため、「うちの子、他の子に比べてダメなのでは」と、不安に思う機会も増えてくると思います。

わが子に期待するあまり、つい叱《しか》っては自己嫌悪に陥《おちい》る……そんなことをくり返しているお母さんもいらっしゃるのではないでしょうか。

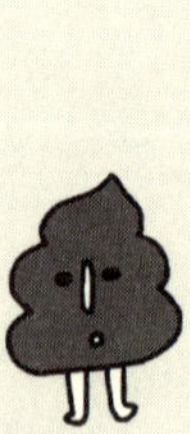

あまりにもお子さんが言うことを聞かず、イライラが最高潮に達している方も多いと思います。

しかし、誰だって、できることなら叱りたくありませんよね。

叱ることなくわが子が身の回りのことをすすんでやるようになったり、勉強をしてくれるようになったりしたら、どんなに助かるでしょう。

お母さんは子どもの才能を「伸ばす」ことに時間を割けますし、今までやれなかったことにもチャレンジできるはずです。

では、お母さんが叱らなくても子どもがすすんで勉強するようになる方法とは、いったいどういうものなのでしょうか？

それを、本書で紹介していきたいと思います。

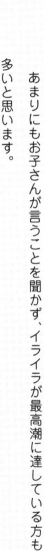

はじめに

はじめまして。小室尚子と申します。

私はこれまで、日本親勉《おやべん》アカデミー協会の代表として、1万2000人を超えるお子さんと接してきました。またお母さんとも面談をし、色々な悩み事に耳を傾けてきました。

なかでも相談を受ける件数が圧倒的に多いのが、**5歳〜小学校低学年の男の子に関すること**です。女の子に比べ、4〜5倍は多いと言えるでしょう。女の子に言えばわかることが、男の子にはことごとく通用しません。私自身、塾を始めた頃は、男の子に何をやってもうまくいかず、とても落ち込みました。

しかし、数多くのお子さんやそのご家族と接する中でわかってきたことがあります。

それは、言い方や伝え方など、表面的なところをいくら取り繕《つくろ》っても、子育てはうまくいかないということ。勉強であれば、なおさらです。

そして、子どもが心から楽しみ、自分から「やりたい」と思える気持ちを引き出すには、**「ある仕組み」**が必要だということに気が付きました。

その「仕組み」を授業で試した結果、何も言わなくても、子どもたちが遊ぶように学び、さらに自分からすすんで勉強するようになったのです。

実際、全国のお母さんからも、次のようなうれしい声を続々いただいています。

「小室先生の方法を試すまでは、ケンカばかりで親子関係がギクシャクしていましたが、叱らなくても息子が勉強するようになり、家庭に平和が訪れました」

「以前は帰宅後ゲームばかりしていましたが、今ではこちらから何も言わ

なくても宿題をするようになりました。ゲームをするときも、自分から終了時間を決めてやっています」

おかげさまで運営する日本親勉アカデミー協会は年々生徒数が増え、今では海外を含め、２４０名以上のインストラクターを抱えるほどになりました。

では、男の子のやる気を引き出す「仕組み」とはいったい何でしょうか。

それは、

❶男の子の性質を知る
❷遊びながら学ぶ方法を知る
❸ルールを決める

この３つです。

❶「男の子の性質を知る」について

お母さんは男の子に対し、つい女の子と同じやり方で接してしまいます。しかし、実はそれがうまくいかない原因のひとつ。冒頭でもお伝えしたとおり、彼らに女の子と同じやり方は通用しません。「宇宙人」とも言われる男の子の生態を理解したうえで接し方を工夫すると、驚くほどうまくいくようになります。そこで第1～2章では、様々なタイプの男の子に共通するポイントをお伝えします。

❷「遊びながら学ぶ方法を知る」について

男の子が喜ぶポイントは非常にシンプルです。「道具を使う、ムダな動きを取り入れる、好きなものを活用する」、この3つです。これをするかしないかで、反応は180度違ってくると言ってもいいでしょう。具体的にどのようにするのかを、第3章でご紹介していきます。

❸「ルールを決める」について

これは、お母さんとお子さんの間の約束事とも言えるものです。

小学校低学年前後のお子さんは当然のことながら、「最低限のマナーを身につける」「時間感覚を身につける」といった、社会人が身につけておくべきスキルや習慣を持ち合わせていません。

しかし、子育ての目的は何でしょうか。ご家庭によって色々あるかと思いますが、共通して言えるのは、最終的には独立してもうまくやっていける子どもを育てることですよね。それらを早い段階で身につけた子どもは、社会に出ても大いに活躍できます。

遊びや勉強を通じて「ルールを決める」ことで、基本的な力を育《はぐく》むことができるのです。第4章では、そのあたりをお伝えします。

さあ、大事なポイントをお伝えしたところで、いよいよ、この3つの「仕組み」について、本書で紹介していきましょう。

私自身、仕事と子育てを両立してきましたので、お母さん方の忙しさは痛いほどよくわかります。そのため、忙しいみなさんでもすぐに試せる方法だけを載せています。今日からぜひご活用いただき、少しでもイライラする回数を減らすとともに、楽しい子育てができるようになれば幸いです。

２０１８年９月

小室尚子

もくじ

お母さんが変われば子は変わる！男の子の行動はこう考えよう

第3章 男の子の学力を伸ばす勉強法

第4章 驚くほど学習態度が変わる！男の子を育てるしつけのコツ

第5章
イライラが「なるほど」に変わる！お母さんのためのお悩みQ&A

ブックデザイン・イラスト　藤塚尚子（e to kumi）
図表イラスト　めとめ株式会社
DTP　横内俊彦（ビジネスリンク）
執筆協力　星野友絵（silas consulting）
編集協力　大島永理乃

※本書は、著者が男の子を指導してきた経験をもとに執筆したものです。傾向として多かった事実をベースに紹介していますが、お子さんにより成長度合いは異なるため、すべてのお子さんに通用するものではありません。

※本書は、保護者のみなさまに向けて執筆しました。本来であれば「親御さん」あるいは「お父さん・お母さん」といった表記にすべきところもありますが、私がこれまで接してきた保護者の9割以上はお母さんだったため、「お母さん」と表記しています。あらかじめご了承ください。

第1章

毎日がバトル！
親が知っておきたい
男の子の常識

1

「楽しさ」を優先する男の子「人の目」を気にする女の子

「なんであんなことをするのかわからない！」

「お姉ちゃんのときには、いい子にしていたのに！」

男の子を持つお母さんと話していると、こんな戸惑いの声を聞きます。

男の子はいわば、三猿《さんえん》と同じ。

「見ざる、聞かざる、言わざる」、ここに加えて「忘れる」という特徴を持ち合わせているため、お母さんは大変です。

宿題を忘れるのはしばしば。宿題があることは覚えていても、学校にプリントやノートを置きっぱなしにしてしまう。宿題をやっても、持って行くのを忘れてしまう。さらには、学校に持って行っても提出することを忘れてしまう……。悩みは尽きません。

「こんなに忘れっぽくて大丈夫!?」と心配かもしれませんが、安心してください。男の子は、元来そういう生き物なのです。

★男の子の行動に悪気はない

男の子にとって、一番大切なのは自己評価。つまり、**「自分がそれをやっていて楽しいかどうか」**ということです。ですから、「他人からどう見られるか」といった他者評価は一切気にしません。

そのため、興味がないことは覚えませんし、もし覚えたとしても、すぐに忘れてしまいます。さらに、先生に叱られたり、友達に笑われたりすることも、おかまいなし。そこに悪気はまったくありません。

一方、女の子は「もし忘れ物をしたらみんなの前で叱られて、恥ずかしい思いをするかもしれない。だから忘れないように気を付けよう」という周りの目（他者評価）を気にします。だから、「これはやりたくないこと」と判断しても、そのまま「やらない」「忘れる」という行動につながることは、なかなかありません。

ここが男の子と女の子の考え方の大きな違いになります。

★男の子は宇宙人!?

私が10年間経営していた学習塾には、次のような男の子がいました。

毎日ランドセルに折り畳み傘が入っているのに、雨が降ると「傘がない」と、ずぶぬれになって走り出す男の子。宿題を持ってきているのに、持ってきたことを忘れて提出しない男の子。ほかの子の、サイズの違う靴を片方だけ履いて帰る男の子。叱っている最中に自分の好きなことを妄想し、叱られていることすら忘れてしまう男の子……挙げればきりがありません。男の子を持つお母さんなら、毎日同じことをくり返しくり返し、言っているのではないでしょうか。

そのうち、「何度言っても通じないのは、言葉が通じないから？」「うちの子、ちょっと変なのかしら？」と考えるお母さんも出てきます。

そうです、**男の子はいわば、宇宙人。お母さんの常識は一切通用しない**と考えてください。日々想像しなかったことが起こり、お母さんにとっては驚きと落胆の連続だと思いますが、男の子の特徴を知っておくと、「そういうものなんだ」と、気持ちが楽になるのではないでしょうか。

まとめ

男の子は宇宙人！
これまでの常識は通用しないと思って割り切ろう

2 男の子は動き回るやんちゃな「犬」女の子はおとなしい「うさぎ」

★男の子は3分が集中の限界

動物にたとえるなら、**男の子はまさにやんちゃな「犬」のような性格**です。たえず動き回っていて、止まっているのはご飯を食べているときと寝ているときぐらい。じっとしていないので抱っこするのも難しく、体に触らせてくれません。逃げ回る男の子を必死に追いかけて洋服を着せたり、汗をふいたりしているお母さんは、たくさんいることでしょう。

かと思えば、ときには激しい「かまってオーラ」を発し、ずっとお母さんの体をベタベタ触ります。犬がワンワン吠《ほ》えるように、自分の好きな電車やヒーローの話を延々と話す。そして夢中になればなるほど、声のボリュームも一気にアップ。「ちょっと静かにしていてね」と伝えても、せいぜい**3分が限界**でしょう。興味のあるものが視界に入ると、黙っていられなくなります。楽しくなると、つい声も大きくなってしまいます。

トイレに行く時間すら惜しんで遊びます。授業中、急にトイレに行く男の子が多いのも、このためかもしれません。楽しいことがあると、ギリギリまでおしっこを我慢するくらい夢中になってしまうのは、もしかするとひとつの才能かもしれません。

★熱中しやすい男の子、すんなり動く女の子

ひとつのことに夢中になると、ほかのことを忘れて走り回るのが男の子の性分なら、女の子はある意味、大人。動物にたとえるなら「うさぎ」です。

うさぎは必要なときにしか動きません。

そんなうさぎのような女の子には、洋服を着せるときも、「これかわいいね。似合うんじゃない？」と声をかければ、自ら着たがります。多少騒いでうるさくしたとしても「ちょっと静かにしていてね」と言えば、10〜15分は黙っていることができます。トイレもこちらが決めた時間に行くことができます。遊びに熱中したとしても「ここからは、途中トイレには行けないよ」と言えば、「もしおもらししたら恥ずかしい」と想像できるので、すんなり行動します。


このように、同じ年齢でも、男の子と女の子の行動は大きく違います。

ただ男の子が動き回るのは、しつけが悪いわけでも、ちょっと変わっているからでもなく、やんちゃな犬と似たような性質を持っているというだけのこと。

ついついお母さんは、自分の育った感覚で男の子に色々言ってしまいますが、なかなかうまくいかないことも多いと思います。しかしそれは、犬がうさぎになれないのと同じこと。**男の子に対して、女の子に通用する考え方を説いても無理**

な話なのです。

兄妹（姉弟）のお子さんを持つお母さんは、男女であまりにも反応が違うのでギャップを感じるかもしれません。ときには「なんで妹のほうがお利口さんなのかしら？」と思うこともあるかもしれませんが、そんなときはぜひ、この犬とうさぎの話を思い出してください。男の子と女の子とでは、そもそも生態がまったく違います。その違いを知っておくと、良い意味で「騒いでもうるさくても仕方ない！」と、潔く認めることができるようになります。

まとめ

男の子と女の子を比べるのはナンセンス
まったく違う生き物だと思って接しよう

3

男の子は女の子より「マイナス2歳」

男の子が女の子とは違うとわかっていても、
「うちの子は、何をやらせても遅くて心配……」
「いつまでも幼いままだけれど、大丈夫かしら……」
と、お子さんののんびりモードにハラハラし、気が休まらないお母さんも多いのではないでしょうか。

そんなときは、ぜひこう考えてください。
そもそも**男の子の成長スピードは、「女の子マイナス２歳」**であると。

未就学児でも、精神年齢は男の子より女の子のほうが上です。落ち着きも集中力も協調性も、女の子のほうが優位です。22歳で女の子が自立するものだとしたら、男の子は24歳で自立するものと考えましょう。

ですから、幼児や小学1～2年生の段階で多少「幼いな」と感じても、この時点ではまったく心配はいりません。男の子は、中学生くらいになってくると親を邪険に扱うものです。そうなったらようやく自立のサインです。つまり男の子の幼さは、中学生になってはじめてなくなるという心づもりでいましょう。

★サンタクロースを信じていいのは低学年まで

あるとき、男の子のお母さんが「うちのお兄ちゃんは、中学生にもなってまだサンタクロースを信じているんですよ。かわいいですよね」と話しているのを聞いて、私は卒倒《そっとう》しそうになりました。

これは、女の子が白馬の王子様をずっと信じて待っているようなもの。どこかで気付かないと、大変なことになってしまいます。
　女の子の場合、早い段階でサンタクロースがいないことに気が付きます。お母さん同士の会話や、プレゼントを包むデパートの包装紙などに、その気配を感じとるわけです。その点男の子は、「感じとる」ということが苦手で、空気が読めません。中学生くらいになってからようやくできるようになります。それまでは、親が「社会の視点」を教えましょう。**サンタクロースを信じていいのは、小学校低学年まで**です。

まとめ

小学1～2年生で「幼いな」と感じても大丈夫
中学生にならないと幼さはなくならない

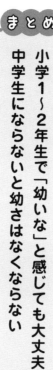

4 自分が興味を持ったことには時間を忘れるほどのめり込む

ここまで読むと、男の子には何もいいところがないと思うかもしれませんが、そうではありません。**男の子には、自分の興味があることにぐぐっとのめり込む性質があります**。

いつも図鑑でカブトムシばかり見ている。何時間も砂場で延々と穴を掘り続けている。名前を呼んでも気付かないくらいブロック遊びに集中している……お子さんのこんな行動を目にしたことはありませんか？

いつもは話を聞いていないのに、好きなことになると急にスイッチオン！　その集中力たるや、すばらしいものです。しかし集中してやっていることは、たい

てい勉強とはかけ離れていることばかり。「こんなことをやっていて、この子の将来、大丈夫かしら？」と、不安になってしまうお母さんも多いようです。

★夢中になれることは「才能」

ですが、どうかご安心ください。**夢中になれる何かがあるということは、立派な才能**です。

熱中するものの対象は、勉強やスポーツに限る必要はありません。道に落ちている石や木の棒を集めることも、子どもにとっては大切なこと。また、熱中する対象が途中で変わっても問題ありません。

大事なことは、**「何が好き？」と聞かれたときに、「今はこれが好き」と、自分が熱中していることを堂々と言えること**です。

子どもに「好きなものは何？」「何をしているときが楽しい？」と質問しても、「別にない」と答えることがあります。これはとても残念なことです。

自分がやりたいことや好きなことがわからない子どもは、小学校高学年以降、成績が伸び悩む傾向にあります。これは長年教育に関わる仕事をしてきた私の持論です。また、何か思うようにいかないことがあったときに、自ら解決策を見つけることができません。それどころか、親や学校、社会のせいにして自分は悪くないと、被害者意識に陥ってしまうこともあります。

また、学校に行きたくなくなり、特にやりたいことや好きなことがない場合、ほとんどのお子さんは、安易に時間をつぶせるゲームやネットの世界にハマってしまいます。そこから活路を見出せれば良いのですが、たいていは仮想の世界にどっぷりつかってしまい、抜け出せなくなってしまいます。

ここで、もし勉強以外に熱中できることがあったとしたらどうでしょうか。

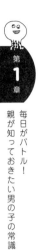

★好きなことがある子は将来必ず伸びる

たとえ学校に行かなくても、パティシエになる道を選んだり、アメリカに留学したり、歌やダンスの教室に通ってみたりと、次の選択肢を見つけることができるでしょう。鉄道が好きなら、鉄道好きの会合に参加したり、鉄道ブログを開設したり、次のステップに進むために、何らかのアクションを自ら起こすことができます。

こうした「○○をやってみたい」という気持ちは、年頃になったからといって急に育つものではありません。**幼い頃から熱中体験をし続けることで少しずつ形成されていきます**。

ですから、もし今お子さんがひたすらダンゴムシを集めていたとしても、「息子は今、将来のやりたい何かを探すために熱中体験をしているのだな」と、温かく見守りましょう。

「お母さんは自分が興味のあることを、思いっきりやらせてくれる」という経験を幼い頃からしているお子さんは、自分が本当に好きなことややりたいことを、ためらうことなく口にします。そのことがやがて「こういうことを仕事にしてみたい」という希望や、その実現に向けた自発的な行動につながっていくのです。**今夢中になれる何かがあるということは、自分で動ける大人になるための小さな練習をしているということ。**将来必ず伸びます。ぜひその可能性の芽を温かく見守ってほしいと思います。

まとめ

**夢中になれる〝何か〟があることは才能
将来につながる行動だと思って温かく見守ろう**

5 疑問を持ったことはケガをしてでもやり通す

先ほど、夢中になれる何かがあると、自分から行動を起こせる大人になるとお伝えしました。実はこの過程で、「探求心《たんきゅうしん》」をくすぐることができれば、勉強好きな子どもに育つ可能性が高くなります。

男の子は、漢字の書き取りや計算ドリルはなかなかやりませんが、興味を持ったことは、とことんやり続けます。その性質をうまく利用するのです。

私の娘が小学生の頃、通っていた理科の実験教室で、とても驚いたことがあります。何人もの男の子が、ぶ厚くて重い図鑑を、わざわざ毎回家から持ってきて

いました。しかも内容は、大人が読むような鉱物や地層。同じ年齢の女の子が絶対に選ばないような本です。男の子たちは、その図鑑をこぞって持ち込み、興味深く読んでいたのです。

★男の子の一点集中型思考は勉強に応用できる

このように、**男の子ほど、何かにハマると熱中する**ものです。

たとえば「石と砂は一緒なんだよ」と教えると、すぐに「なんで?」と聞いてきます。こちらが説明すると、女の子の場合は途中で納得して終わりますが、男の子は「本当に石を砕《くだ》いたら砂になるのか、やってみよう」と、実際にやってみるケースが多いのです。

この「本当にそうなるのか、自分でやってみよう!」という行動力を、私は「探求心」と呼んでいます。男の子が、虫をひっくり返して観察したり、おもちゃの電車や車をバラバラに分解したり、自力で帰ってこられないほど自転車で遠くまで行ってその先に何があるのか確かめたりするのは、「自分でやってみよう」という気持ちが非常に強いから。ときにはお母さんの想像をはるかに超えることをやるので、ハラハラすることがあるかもしれません。しかしそれらの行動は、男の子として正しく成長している証《あかし》なのです。

もちろん女の子にも探求心はあります。ただ、「本当に石を砕いたら砂になるのか、やってみよう」と同じように思っても、女の子は「石を砕くって言ったら、ママに『やめなさい』って言われないかな?」「この石を砕くのに、ケガをしたらどうしよう」などと、周りの目が気になって、なかなか行動に移すことができません。一方、男の子は、「どうやったら砕けるだろう?」と、その**一点に集中して考えるので、すぐに行動に移します**。

この集中力を勉強に応用しない手はありません。

もしもお子さんから「やってみたい」と言われたら、危険なことでない限り、ぜひサポートしてあげてください。

勉強好きは、こうした日々の積み重ねからできあがります。

まとめ

勉強好きな子を育てる近道は
子どもの「やってみたい」を応援すること

第2章

お母さんが変われば子は変わる！男の子の行動はこう考えよう

1 ゲームが好き→遊びながら学ばせる

第1章では、女の子にはなかなか見られない、男の子ならではの特徴についてお話ししました。

第2章では、それらの特徴を踏まえたうえで、お母さんを悩ませる男の子の行動を紹介します。奇想天外な行動の数々に困っている方も多いと思いますが、受け取り方を変えることで、驚くほど才能を開花させることもできます。

現在のお子さんの様子はいかがですか。

ふざけてばかりで、勉強する気配はゼロ。その姿を見て、ついつい叱ってしまう……そんなお母さんも少なくないのではないでしょうか。すすんで勉強する方法があれば、知りたいですよね。

子どもは、楽しいことが大好きです。そこで、**勉強を「ゲームにする」「ルールをつくる」「質問する」の3点セットに結びつけてしまいましょう。**この3点セットをくり返すことで、お子さんは自分からすすんで勉強するようになります。

国語の勉強を例に挙げてお伝えしましょう。

1 ゲームにする

国語の勉強を行なうときは、漢字を使ったゲームにします。仮に、お子さんの名前にニンベンが使われている場合、次のような形で伝えます。

「○○くんの名前についているこのニンベンを使った漢字を、新聞の中から先に5個見つけた人が勝ちね」

2 ルールをつくる

子どもはゲームで点数制を導入したり、速さを競わせることで、がぜんやる気になります。そして、一度でも「楽しい！」と感じさせることができれば、あとは自分から「もう一回やろう！」と言い出します。

3 質問する

ゲームを進める前に、「ニンベンってなんでニンベンって言うんだろうね？」と、お子さんに聞いてみましょう。正解するかどうかは問題ではありません。ここでは「一緒に考える」という行為そのものが大事です。「なんでだろう？」という問いかけをくり返していくうちに、より漢字に興味を持たせることができます。

★的外れな意見が出ても否定しない

もしこのとき、お子さんが「忍者が使うからニンベンなんじゃない!?」と的外れなことを言っても否定せず、「へー、そんなふうに考えたんだ」と、**いったん共感してください**。そしてさらに、「ほかにはどんなことが考えられると思う？」と聞いてみます。

あるいは、「なんでニンベンって言うんだろうね。今度は、ママが調べてみるね」と言いましょう。そして実際に調べたうえで、「人という漢字がもとになっているから、ニンベンって言うんだって」と、お子さんの前で調べたことを伝えるようにします。そうすることで、お子さんは勉強のゲームをする際、自然と「疑問に思ったことを調べる→得た知識をお母さんと話す」という流れをくり返すことになります。このくり返しが、やがては「(知らないことを知る、すなわち)勉強って楽しいな」という気持ちを育てていくのです。

まとめ

「なんでだろうね？」と言いながら一緒に調べると「勉強って楽しいな」という気持ちが育ちやすい

2 好きなことに没頭する→遊びながら学べば一石二鳥！

なかには、カード集めが好きで、没頭してばかりのお子さんも多いことでしょう。興味の対象がハッキリしている場合は、それを使って勉強好きにさせる方法もあります。

お子さんがハマっていることを「どうやったら学びにつなげられるかな？」と、少し考えてみましょう。

たとえばお子さんがカブトムシ好きなら、一緒に図鑑を開いてください。

そして日本のカブトムシと世界のカブトムシの体のつくりの違いを調べたり、

生息するエリアの気候の違いを調べてみたりします。世界地図を用意して、それぞれのカブトムシが生息している国を見るのもいいでしょう。国旗と照らし合わせると、色とりどりで、見ているだけでも楽しくなってきます。

ほかにも、ポケットモンスターにハマっているお子さんであれば、キャラクターに絡ませた話をするだけでも、興味の引き出しを増やすことができます。

たとえば、「ピカチュウが発する雷は、昔、〝神が鳴らすもの〟と信じられていたから〝かみなり〟という名前がついたんだよ」と話してみましょう。

あるいは、「ポケットモンスターって、海外でも放送されているんだって。〇〇くんの好きなピカチュウは、ほかの国でも同じ呼び方をされているのかな？ 一緒に調べてみようか」と言って、話を広げることもできます。

そうこうしているうちに一気に学びの世界が広がっていき、お子さん自身も、どんどん自分で調べていくようになります。なぜなら自分の好きなことから始まる学びは、とても楽しいからです。

子どもが興味を持っていることは、お母さんも一緒になって調べてあげることが大切です。お母さんが「こっちはどうかな？　こっちも調べてみようか！」とサポートすると、学びの世界もどんどん広がっていきます。

机に向かうことだけが勉強ではありません。調べること＝勉強。**調べるという行為そのものが、勉強につながっていく**のです。

★好きなことをとことん追求すると、ぐーんと伸びる！

お子さんがすすんで調べるようになると、お母さんはうれしくなって、つい「漢字の部首に興味を持ったから、次は英語も覚えようか」と、欲が出てきます。

こんなとき、私は「ちょっと待った！」と、ストップをかけます。

新しいことを覚えさせたい気持ちはよくわかりますが、それはお母さんのやりたいことではありませんか。特に男の子の場合、複数のことを同時並行で少しずつ学ばせるより、興味があるものを深く、自分で調べて覚えさせるほうがベター。

その分野に対する知識が深まり、理解度もぐんと伸びます。**「誰よりもこれが得意！」という分野があるほうが、大人になったとき、突出した結果を出しやすくなる**のです。

お子さんが自分ですすんで何かを調べる姿は、頼もしいものです。ぜひ、引き続き興味を持つものに深く触れさせて、遊ぶように学ばせてあげてください。

遊ぶように学ぶことが習慣になると、お子さんもお母さんも自然と「勉強って楽しい！」という気持ちに変わっていきます。

まとめ

「遊びながら学ぶ」という発想の転換で自然と「勉強が楽しい！」と思えるようになる

3 親が知らないことに興味を持つ→好きなだけ学ばせる

昆虫、電車、星座、ロボット……お子さんの興味・関心は実に様々です。

ときにはお母さんが詳しくない、まったく知らない分野に興味を持つこともあるでしょう。

それなのにお母さんはつい、周りで流行しているもの、周りがやっていることにわが子を合わせようとしがちです。

また、興味のあることでも、「星座は4年生になってから習うものだから」と言って、あえて別のものをすすめたりします。

はっきり言いましょう。

子どもの好きなことを遮《さえぎ》るのはナンセンス。

ぜひ、**好きなことを好きなだけ学ばせてあげてください**。

もし、お子さんが小学1年生で算数が得意なら、2年生の算数にチャレンジさせてみましょう。幼児だけれど英語が得意なら、英検を受けさせることをおすすめします。お母さんがその科目を苦手としている場合、ついつい遠ざけがちですが、そんなことは必要ありません。子どもはお母さんの心配などおかまいなしに、好きなことはどんどん学んでいくものです。

私の学習塾では、英検3級を持っている幼児が多くいました。得意な子は、準2級にも合格していたくらいです。「幼児だから英検は受ける必要がない」と大人が決めてしまうと、せっかくのやる気の芽を摘《つ》んでしまうことになります。興味があるときこそ学力が伸びる時期。どんどん学ばせたほうが、学力はつきます。

★「何でもできる」は「何もできない」のと一緒

　また、この「好きなことを好きなだけ学ばせる」やり方は、少し先になりますが、大学受験でも役立ちます。お母さんとしては、5科目をまんべんなく勉強させたがるのですが、5科目中2科目でも得意な科目があれば、十分、大学には入れます。

　実際、私の娘も、英語と生物は得意で数学は苦手でしたが、偏差値60以上の大学に入学することができました。また、かつて私の塾で教えていた生徒も、理科が苦手な子もいましたが、全員、名前を言えば誰もが知っている難関校に入学しています。無理に何でも得意にさせようとする必要はないのです。

「まんべんなくできる＝何にもできない」と、私は思っています。

　これは10年間、学習塾を経営してきたからこそ実感していることです。

「英語はすごくできるけど、数学はできない」くらいのほうが、将来、突出する

才能を発揮する可能性が高いのです。

ハンカチを持ち上げようとすると、お母さんは真ん中をつかんで四隅を同時に持ち上げようとします。でも、四隅のどこかを持ち上げれば、ハンカチ自体は持ち上げることができますよね。高く持ち上げれば、いつかは全ての四隅が持ち上がります。これは底上げと屋根上げの違いです。

底上げは、できないところを伸ばしますが、屋根上げは、できるところをどんどん伸ばしてあげるイメージ。私がおすすめしているのは、後者の屋根上げのほうです。

得意分野ができると、ほめられる機会が増えます。ほめられると、子どもの中にある「もっと知りたい、覚えたい」という好奇心の芽がどんどん育ちます。そうなると、少しずつ自信がわいて、何にでも前向きに取り組もうという気持ちになります。

ぜひお子さんの好きなこと・得意なことを、伸ばしてあげてください。
たとえお母さんが不得意な分野でも、まだ学校で習っていないことでも、子どもが好きなことを学ばせていたら、自然とその道のプロになっていくもの。その経験が、これからの時代を生き抜こうとする意欲につながります。「これを学ばせなければ」と、枠にあまりとらわれすぎないようにしましょう。

まとめ

「好きなこと」を学ぶのに学年は関係ない 好きなことを好きなだけ学ばせてあげよう

4
勉強中よく寄り道する→寄り道は学力を伸ばすチャンス

男の子が宿題する様子を見ていると、寄り道をする回数があまりにも多いことに気付かされます。

漢字の書き取りをやっているのに、ドリルにあるスイカのイラストに気をとられて色をぬり出すなど、本質とは違うところに興味を持つのです。これではなかなか宿題が終わりませんよね。好きなことは好きなだけさせてあげたいとは思いつつ、宿題など、最低限のことができなくては、困ってしまいます。

しかし、実はこの**「寄り道」こそ、子どもの学力を伸ばすチャンス**。

寄り道しながら学ぶくらいがちょうどいいんです。

たとえば子どもがスイカのイラストに夢中なら「スイカって何月くらいにとれるんだろうね？」「スイカって野菜かな？　果物かな？」などと、勉強に結び付けられないか考えてみましょう。

★寄り道は深くものを考えさせるチャンス

「そんな時間があったら早く宿題を終わらせてほしい。夕食の支度もあるし……」という気持ちもわかりますが、調べるだけならそんなに時間はかかりません。

ネットで調べ、「スイカの旬《しゅん》は8月」とわかったけれど、夕食まであと20分だとしたら、調べるのを途中で切り上げて、「スイカがおいしく食べられるのは8月だとわかったね。じゃあ、がんばって宿題を終わらせてご飯を食べようか」と提案すれば、お子さんは時間内に終わらせようとがんばるはずです。

ここで、「そんなことはいいから早く（宿題を）やりなさい！」と言ってしまうと、お子さんは自由に寄り道できなくなってしまいます。すると、知りたい気持ちにフタをすることになり、せっかくの学びのチャンスを台無しにしてしまうのです。

寄り道は、クリエイティブなものの考え方にもつながっていきます。**深くものを考えることができる子どもは、発想力も豊かで、色々なアイデアを出すことができます。**言われたことだけやってきたお子さんは、発想力に乏《とぼ》しく、これからの時代を生き抜いていくことはかなり難しいでしょう。

かといって、わざわざクリエイティブなものの考え方を身につけさせるためだけに時間をつくれるほど、お母さんに時間の余裕があるわけではありません。

そこで、毎日のちょっとしたスキマ時間を有効活用してサポートします。お子さんの宿題の時間をうまく使って考えさせる練習をしておくと、後々役に立つのです。

スイカのことを調べているうちに、次は虫に興味を持つかもしれません。その虫について調べていたら、日本はもちろん、世界の気候にも目を向けるようになり、地球温暖化を調べ始め、最終的には絶滅《ぜつめつ》危《き》惧種《ぐしゅ》にまで興味を持つようになるかもしれません。

寄り道は、たくさんの知識を身につけ、学力に変えるチャンスなのです。

ぜひ、寄り道はお子さんが学ぶ余地だととらえ、残しておいてあげましょう。

まとめ

「寄り道」こそ知識を身につけるチャンス
勉強に結び付け、興味・関心の芽を育てよう

5 話すのが好き→会話に勉強の要素をプラスする

「言いたいことはわかるけど、どうしても子育てに十分な時間がとれない……」

そんなお母さんは、ふだんの会話をちょっと工夫するだけでも、子どもがすすんで勉強するようになります。このやり方であれば、宿題を見る時間をわざわざ作らなくてもＯＫ。しかも、毎日５分でめきめき効果を発揮します。

ポイントは、ここでも**子どもの好きなものに勉強の要素を加えること。**

ただこれだけです。

★ふだんの会話をワンランク知的にする

たとえば、あなたのお子さんが、ウルトラマン好きだとします。

ウルトラマンの身長は、40メートルということです。

それをもとに、こんなふうに話しかけるのです。

「ウルトラマンは、10階建てビルぐらいの大きさなんだよ！」

「〇〇くんを52人つなげると、ウルトラマンの身長と同じぐらいになるよ」

「ウルトラマンの体重って3万5000トンあるんだって。3万5000トンの重さってどんなものがあるのか調べてみようか？」

あるいは、木の棒を拾うのが好きな男の子であれば、こんなふうに声をかけてみてください。

「この棒、何センチだろうね？」

「この棒は重さ何グラムだろうね？」

「この棒をいくつ並べると、○○くんの身長と同じ長さになるんだろうね？」
「この棒をいくつ合わせると、○○くんの体重と同じ重さになるんだろうね？」

こういった具合に、会話に少しだけ勉強の要素を加えるだけで、ふだんの何気ない日常会話が算数の授業に大変身！「長さ」や「重さ」、そして「単位」といったものに親しみがわき、勉強にすすんで取り組むようになっていきます。

会話した後は一緒に調べても良いですし、時間がなければ、お子さんが調べたことに対し、「そんなことまで調べたんだね！」と、相づちを打つだけでも十分です。そうするとお子さんはどんどん、自分で調べるようになります。

★時事ネタも使える

学年が上がってくれれば、時事ネタなども取り入れるといいでしょう。
「東京でオリンピックが開催されるけど、どういうふうになるんだろうね」

「今はコンビニやレストランに外国人の店員さんが多いよね。なんでだと思う？」
日頃、こういった会話が自然にできている子どもは、中学受験をすることになったとき、思考力問題などで力を発揮することでしょう。

「こんなことでいいのかな……」と不安に思ったかもしれませんが、大丈夫。教師でもない限り、お母さんは勉強を教えるプロではありません。「勉強を教えなければ！」と気負う必要は一切ないのです。それよりも、**お母さんの使命は、勉強の「楽しさ」を教えること**と心得ましょう。

勉強は、学校や塾で教わることができます。ただ学校では、成績で言うと真ん中より下くらいの生徒に合わせて教えるため、どうしても「つまらない」と感じる生徒が出てきてしまいます。

一方、家庭では、その子の興味や理解度に合わせた会話ができます。勉強に興味を持つきっかけをお母さん自身が作ることができるのです。

自ら勉強する喜びを知った子どもは、すすんで勉強するようになります。お子さんの「楽しい」を引き出す……私はこれこそが、お母さんがすべき正しい家庭学習法だと考えています。

まとめ

子どもの好きなものに勉強要素を少し加えるだけで興味の幅はぐっと広がる

6 お子さんの学力差↓お母さんの勉強に対する関心の差

ここまで読んでみて、カンの良いお母さんはお気付きかもしれませんが、学力の差は、お子さんの能力で決まるわけではありません。

何を隠そう、「親力《おやぢから》」で決まるのです。

親力は、「頭がいいか、そうでないか」ということではなく、**「親自身が勉強に興味があるかどうか」で決まります。**

「勉強か……どちらかと言うと興味がないな」もしくは、「忙しすぎて、勉強に興味を持つどころではない」というお母さんもいるかもしれません。

ここで、質問です。

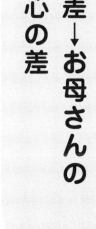

勉強に興味があるお母さんが共通して行なうことは、何だと思いますか。

正解は、**子どもの教科書を見ようとすること**。

ただこの1点です。解こうとしなくて良いのです。

ただ見るだけ。

たったそれだけではありますが、教科書を一緒に見ようとするお母さんのお子さんと、見ようとしないお母さんのお子さんとでは、どちらに学力がつくかというと、圧倒的に前者なのです。

★勉強ができないお子さんの親は教科書を見ない

たいていのお母さんは、お子さんが新学期に教科書を持って帰ってきても、見ようとしません。残念ながら、そういったお母さんのお子さんの学力は、伸びません。「自分は勉強に興味がない」ということを行動で示してしまっているのと同じだからです。

そんな状況で突然本を買ってきて、わが子に「読みなさい」と言っても、無理な話ですよね。本を読ませる前に、**お子さんがそのとき学んでいるものにお母さんが興味を持つこと。**モノを与えるより先に、親が行動で示すことが大事なのです。

★たとえ勉強ができなくても、できることがある

なにも、「教科書を見て教えよう」というほどの意気込みは必要ありません。お母さんにも苦手な科目があるのは当然です。

それより一言、こう言ってあげてほしいのです。

「教えて」と。

「今、こんなことを習うんだね。お母さんのときは違ったな」

と言うだけでも、勉強に興味があることを伝えるメッセージになります。

ほかにも、**「お母さんも知りたいな。教えて？」**という一言も有効です。

「この漢字を習ってきたんだ！」と子どもが言ってきたときには、

「へー！　書き順がわからないから、お母さんにも教えて！」

新しい計算を覚えてきたり、生物の名前を教わってきたときには、

「それ、知らないな。お母さんも知りたいな」

こんなふうに声をかけてみてください。

お子さんは、「教わる」よりも「教えたい」という気持ちがあるもの。そこを刺激してあげるのです。

お母さん自身が、勉強ができるかできないか、知識があるかないかは、まったく関係ありません。それよりも、**勉強について「知りたい」という姿勢を見せることが、子どもにとっては何よりの喜び**になるのです。

★子どもは親の行動を見て育つ

お母さんの意欲を、別の形でお子さんに伝える方法もあります。

それは、お母さん自身が何かに打ち込む姿を見せるということです。

子どもはこちらが思っている以上に、親の行動を見ています。

英語を話す家のお子さんは自然と英語を話すようになりますし、音楽が身の回りにある家のお子さんは、自然と楽器を奏《かな》でるようになります。

つまり、**お子さんに勉強させたいのなら、お母さん自身が勉強をするのが一番手っ取り早い**ということです。

お子さんに勉強してほしいと言いながら、自分は毎日芸能ニュースやドラマばかり見ている……これでは、勉強する習慣は身につきませんよね。

料理好き、スポーツ観戦好きの親の子どもが同じように料理やスポーツ観戦に興味を持つように、子どもに勉強してほしいなら、まず親であるあなたが勉強に興味を持つことが何より大切です。

と言っても、今日からドリルや学習参考書を解けと言っているのではありません。興味のあることに真摯《しんし》に取り組むこと。ただそれだけでも、お子さんに伝わるものがあります。

たとえば今郵便局で、郵送物の仕分けの仕事をしているのなら、いかに効率よく仕分け作業が進むかを考えてみる。事務をしているのなら、いかに素早くみんなが役立つ資料を作れるか、方向性を探ってみる。

今何もしていないけれど家のものを売ってお小遣いを稼ぎたいと考えているなら、どうすれば少しでも高く売れるのか、インターネットで調べてみる。こういった小さな一歩で良いのです。

お母さんが創意工夫しようとしている姿を見れば、お子さんもきっとそのエネルギーを感じ取るはずです。

大事なのは、子どもが言うことを聞きたいと思えるような存在になること。それは何も、会社で出世するとかお金を稼ぐとか、そういうことではありません。**子どもに言うことを自分もできているかという、その一点**です。

どうかそのことを心に留めて、子どもに向き合ってほしいと思います。

まとめ

「お母さんも知りたいな。教えて?」で勉強に興味を持っている姿勢を見せよう

7 ご飯をキレイに食べられない↓少し先の姿を想像してみる

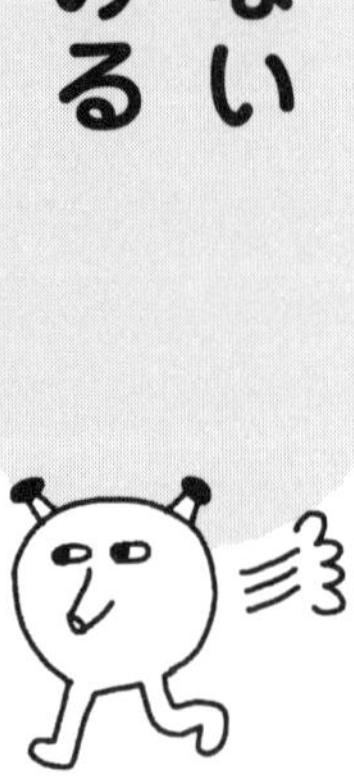

「子どもが夢中になっていることを勉強に結びつけることはわかった。でも、それ以前にうちの子は、毎日の生活習慣もままならないのだけど……」と悩むお母さんもいることでしょう。

「パジャマで登校しようとするんです」

「ご飯をキレイに食べられません」

「洋服を裏返しに着るんです」

「靴下がいつも左右逆なんです」

男の子の不可解な行動の数々に、頭を悩ませてしまうのは無理もありません。つい、親として物事に良し悪しをつけて叱ってしまいがちです。

そんなときは、もう少し先のことをイメージしてみませんか。そうすることで、お母さんの心に余裕が生まれてきます。

私は叱るかどうか判断に迷った場合、**子どもが社会人になったときのことを想像します**。そして「さすがにその頃にはできているだろう」と思うことは、特に言わないことにしています。そのため、イライラせずに済んでいます。

ちょっとここで想像してみましょう。冒頭に挙げたような行動を、社会人1年目の男性がしているでしょうか？　おそらく、誰もがきちんとできるようになっているはずです。

大学で「単位を落とす」と危機感を覚えれば、課題も提出するでしょうし、年頃になって気になる女性から食べ方が汚いと指摘されたら、あわてて直すでしょう。仮に言われなかったとしても、大人になれば気付くものです。

★親の役目は「がんばったね」と声をかけること

なかには、細かく宿題の指示をするお母さんもいます。

「こんな汚い字はダメ」

「四角の枠の中にキレイに収まっていないとダメじゃない」

こんなふうに言われたら、どうでしょうか。子どもは萎縮《いしゅく》してしまいますよね。

「キレイな字を枠内で収めて書くことがあるべき姿」だと思い込み、それを子どもに押し付けようとしているだけです。

お母さんがここまで細かくチェックする必要はありません。文字や書き方をチェックするのは先生の仕事で、お母さんがやるべきことではないからです。

親は、「すごいじゃない！　がんばったじゃない！」と、子どもが取り組んだ姿勢に声をかけるようにするのです。

もちろん、車に轢《ひ》かれそうになったり、2階から飛び降りたり……といった危険な行為は止めるべきでしょう。しかし、命に別状がないことなら、良いか悪いかの判断をする必要はありません。「社会人になったときには必ずできている」――そうお子さんを信じて、基本的には静かに見守るという姿勢を持つと、子育てはグッと楽になります。

まとめ

「社会人になったらできていること」は気にしない
温かく見守ろう

8 転んで泣いている→あえて何もしない

わが子が泣いていたら、あなたならどうしますか？

対応は色々ありますが、自立を促《うなが》すために必要なことは、**「あえて何もしないこと」**です。

たとえば子どもが転んで泣いているとしましょう。

このとき、どうすれば自立を促せるでしょうか。

「転んで痛かったね」

と、まず共感をしたあと、

「〇〇くんは、どうしたい？」

と、聞いてあげてください。**自分で考えさせることが重要**です。

「抱っこしてほしい」と言ってきたら抱っこしてあげればいいですし、「絆創膏《ばんそうこう》を貼ってほしい」と言ってきたら、貼ってあげればいいだけです。

★先回りのサポートは子どもの考える機会を奪う

一番避けたいのは、言われてもいないのに先回りして全部してあげること。

一見優しい行為に思えるのですが、その**先回りの手助けは、自分で気持ちを立て直すきっかけを子どもから奪ってしまう**ことになります。

自分で気持ちを立て直す習慣を身につけなかった子どもは、後々苦労することになります。失敗したときに、誰かのせいにしてしまうのです。

たとえば、お子さんからこんなふうに言われ続けたらどうでしょう。

「お母さんが用意してくれなかったから、忘れ物をした」

「お母さんがこの学校を受けろと言ったのに、落ちた」
「お母さんがレストランでまずいカレーを頼んだから、楽しめなかった」
「お母さんが教えてくれなかったから、テストができなかった」

これなら最初から、子どもが自分で選んだほうがいいですよね。子どもが7歳をすぎたら、お母さんは先回りして何でもかんでもやらないよう、自制するようにしましょう。

昨今、決断できない子どもが増えています。

これは、自分ひとりで何もできないというわけではなく、自分で決める習慣がないことが原因なのです。日頃からぜひ、**どんな小さなことでもいいので自分で決める練習をさせてください**。

クリスマスプレゼントなど、ほしいものはすぐに思い浮かびますよね。しかし、毎日着ていく服など、日常生活のことはなかなか決められない――これでは決断力がつきません。自分で決めさせる機会を作りましょう。

★「自分で決めた」と思える子は強い

子どもにとって、人生で最初の大きな決断は、志望校を決めるときではないでしょうか。中学受験なら11～12歳、高校受験なら14～15歳です。このときまでに、自分で決められる習慣を身につけられるのが理想です。

それまで何も決断してこなかった子に、いきなり「志望校は自分で決めなさい」と言っても、できるはずがありません。志望校を決める第一歩は、日常生活にあると考えてください。

冬に子どもが薄着で出かけようとしていたら、どう声をかけますか？　つい、「○○くん、外は寒いから長袖を着て行きなさい」と言っていませんか。

そうではなく、事前に「今日は外、寒そうだよ。どうする？」と声をかけて、身近なところから自分で決める習慣をつけさせるといいでしょう。

なお、志望校を決めるうえで、理由はそれほど重要ではありません。

「サッカーが強いから、あの学校に行きたい」

「制服がかわいいから、この高校に行きたい」

など、なんでもいいのです。何よりもまず、早い段階で**「自分で決めた」という自覚を持たせること**。それさえあれば、たとえうまくいかなかったときでも、自分の責任だと思える子に育ちます。

まとめ

自分で決断する経験をした子どもは安易に人のせいにしなくなる

9

ほめても反応しない→「I《アイ》メッセージ」を使ってほめる

親子間で良好なコミュニケーションを築くために、「ほめる」ことを意識して行なっているお母さんは多いと思います。しかし、

「うちの子、ほめても反応しないんです……」

という相談を受けることがあります。

子どもの良い部分をほめて前向きにがんばってほしいと思っているのに、反応がなかったら困ってしまいますよね。何がいけないのかわからず、お手上げ状態のお母さんも少なからずいらっしゃるのではないでしょうか？

ここで、ちょっと思い返してみてください。子どもをほめるとき、どんな声かけをしていますか。

「100点をとってエラいね」

「水泳の級が上がってすごいね」

といった形で、結果だけほめていないでしょうか。

実はこのほめ方だと、子どもの中に歪《ゆが》んだ気持ちを育んでしまいます。**「結果を出さないとほめてくれないんだ」と思うようになる**のです。そのことがプレッシャーになり、伸び伸び取り組めなくなってしまうケースが少なくありません。

★「ありのままをほめる」のがポイント

では、どんなふうにほめたらよいのでしょうか。

ポイントは、**「お子さんのありのままの姿」をほめること**。

ありのままの姿をほめることは、お子さんの存在を認めることと同じ。この積み重ねが、「自分ならできる」という自信につながります。

たとえば、こんなふうにほめるところから始めてみましょう。

「（子どもが着た洋服を見て）赤が似合うね！」

「（朝、子どもが起きてきた姿を見て）その寝グセ、いい感じだね！」

ただ「すごい」という一言で済ませるのではなく、**見た目を具体的にほめると、どんどんほめ上手になっていきます。**


見た目をほめられるようになったら、次はぜひ、

「◯◯くん、赤が似合ってカッコいいね！　お母さんうれしいわ！」

と、ありのままの姿をほめた後、自分がどう思っているかを伝えてみてください。お母さんの気持ちを込めたほうが、お子さんの心に響きやすくなります。

★Weメッセージより、Iメッセージが効く

このとき気を付けたいのは、**Iメッセージを意識して伝える**ということです。

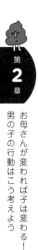

Ｉメッセージとは「私」が主語で、お母さんがどう感じているかを伝えるメッセージで、Ｗｅメッセージは世間の目がどうなのかを伝えるメッセージです。

たとえば、お子さんの目に目やにがついているとしましょう。ここで

「目やにがついていたら、みんなから笑われて恥ずかしい」

という言葉をかけると、

「目やにがついていたら、(世間から見てあなたはきちんとしていないから）恥ずかしい」

というＷｅメッセージになってしまいます。するとお子さんは、何かをやろうとするときに、「自分がやりたいかどうか」ではなく、「これをやったら世間がどう思うか」ということを基準に考えるようになります。そうなると萎縮して、どんどん自信をなくしてしまいます。

そうではなく、

「目やにがついていたら、お母さんはイヤだな」というＩメッセージで伝えるこ

とを習慣づけます。「誰がそう思うか」の部分を、お母さん自身にして伝えるのです。

Ｉメッセージを受けた子どもは素直に気を付けようと思えますし、自己肯定感が高まります。お母さん自身も、相手のほめどころを探すのが上手になります。

ありのままの姿をほめるのは、大人同士でも難しいものです。

まずは大人同士でも、

「新しい髪型が似合うね」「その服、いつもと違ってクールだね」

と、見た目からほめてみてはいかがでしょうか？

お母さんがマイナスの言葉をかけ続けている家庭の子どもは、悪口を簡単に口にする傾向があります。しかし、**日頃からお母さんに正しくほめられている子どもは、人に優しく注意することができます**。言い方もさわやかです。

かつて私の塾に、友達に次のように声をかけていた女の子がいました。

「靴が出しっぱなしだったから、しまっておいたよ」
「落とし物があったから、机の上に置いておいたよ」

日頃から、お母さんがそんなふうに言葉をかけているのでしょう。すばらしいことですね。

まずは見た目をほめて、Ｉメッセージで伝えてみる。ぜひこれを実践してみてください。お母さんと子どもの関係性がよりよい方向に変わるはずです。

まとめ

見た目をほめる＋Ｉメッセージで
お子さんの自己肯定感を育もう

第3章

男の子の学力を伸ばす勉強法

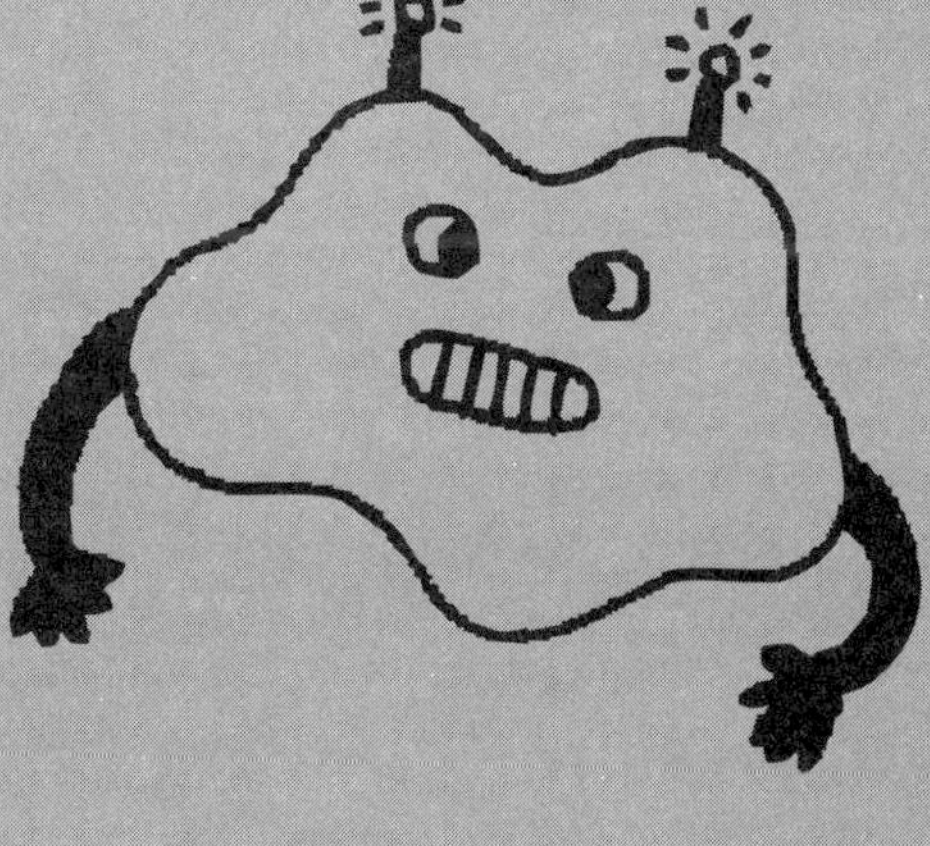

1 家庭での学習時間は「学年×20分」を基本に考えよう

ここまで男の子の特徴と、それに対してお母さんが取るべきアクションについてお伝えしてきました。ここからはそれらを踏まえ、お子さんがすすんで勉強するようになるために母親としてやっておきたいポイントや、各科目別のおすすめ勉強法についてお伝えしていきます。

★勉強するときは必ず時間を区切る

「家ではどのくらい勉強させたらいいの？」

「学年によって、勉強時間は変えたほうがいいもの？」

こんなとき、目安があると安心ですよね。

家庭での学習時間は、「学年×20分」を基本に考えます。

つまり、宿題にかける時間としては、小学1年生なら20分、2年生なら2×20分＝40分……6年生なら6×20分＝120分。机に2時間向かい続ける計算になります。

大人でも、好きなことでないかぎり、2時間ずっと座り続けるのは大変なことです。ましてや今、小学校低学年の男の子を持つお母さんからすれば、「そんなに長時間、あの子が勉強するとは思えない」と思っても不思議ではありません。

そこで「宿題をするときは時間を区切る」など、**ふだんから時間を意識した生活習慣になるようサポートしましょう**。

★集中力が続かないときは「動き」を取り入れよう

しかし、そうは言っても男の子の集中力には限りがあります。

たとえば小学1年生の集中力が持つのは、どれくらいだと思いますか?

なんと、**「3分」**まで。ちょうどカップラーメンにお湯を入れて、できあがるのを待つ時間です。第1章でも少し触れましたが、短いですね。

残念ながら、3分以上は持ちません。時間がたてばたつほど、立ったり座ったりと、落ち着きがなくなってしまいます。

そこで、男の子用のルールを用意します。

「3分たったら休憩してOK」

「(漢字の書き取りが)1行終わったら、スクワットをしよう」

「(漢字の書き取りが)1行終わったら、縄跳びを5回しよう」

……というふうに、少し集中するたびに、体を動かすように促すのです。

このように**動きを取り入れることで、楽しくなって勉強がはかどります**。

特に小学校低学年の男の子は、あえてムダな動きや勉強に関係のないものを入れたほうが、楽しんで取り組んでくれるものです。

実はこのルール、トランプやカルタなどの遊びにも使えます。

トランプをするとき、カードを取るのに「スクワット1回してからね」などとルールを決めると、男の子は喜んでやってくれます。動きがあると、じっとしていなくてもいいので、飽きずに楽しめるからです。

ところが小学5年生や6年生になってくると、さらにハードルが上がります。

「宿題をすることでどんなメリットがあるのか」という「目的」がはっきりわからないと、取り組めなくなってしまうのです。

お母さんはそのあたりも意識して説明してあげるようにしましょう。

「宿題が終わったらおやつにしようね」

というふうに伝えると、スムーズに取り組んでくれるようになります。

「集中力は続かなくて当たり前」

このことを大前提に、勉強できるような時間を設定し、ルールを決めておくようにすれば、いちいちイライラしなくて済みます。限られた時間内に楽しく、効率よくお子さんに学ばせてあげてください。

なお勉強時間は、「夕方4~5時まで」のように、一度決めた時間帯は動かさないようにしたほうが、学習習慣が身に付きやすくなります。特に小学校低学年の間は、学習習慣を身につけることを優先し、できるだけ時間を変えないようにしましょう。

まとめ

勉強するときは「時間を区切る」がマスト

低学年の間は定期的に「動き」を取り入れよう

2 勉強の習慣が身につくまでは個室を与えない

ここ数年、一人っ子が増えていることもあるせいか、自分の部屋で勉強する機会も増えているようです。

しかし、勉強する習慣が身についていないお子さんに個室を与えることはおすすめしません。お母さんの目がないのをいいことにゲームをしたり、インターネットを閲覧したりと、勉強からどんどん遠ざかっていくからです。

くり返しお伝えしているように、小学校低学年の男の子は集中力が続きません。

勉強の習慣が身につくまでは、リビングでの学習をおすすめします。

★お子さんが勉強中は2メートル以上離れる

勉強の楽しさに目覚めていない子どもがひとりで、率先して勉強をするわけがありません。適度な緊張感があるほうが、取り組みやすくなります。

かと言って、お子さんが宿題をしている間中、じっと見ているのも考えものです。基本、**お子さんが勉強中は2メートル以上離れて視界に入らない**ようにします。大人でも仕事中、後ろでジッと見られていたら、集中できませんし、気が散りますよね。それと同じです。

お母さんが子どもとは少し離れて違うことをしているけれど、何をしているかキャッチできる距離にいる。そのくらいの距離感でいると、自《おの》ずと子どもは集中して勉強するようになるでしょう。

さらに、時間を決めて宿題に取り組むようにすることで、子どもは集中力と時間感覚の両方を身につけることができます。ぜひ試してみてください。

まとめ

勉強の習慣が身についていない子に個室はNG
リビングで集中力と時間感覚を身に付けさせよう

3 ひらがなが書けないまま小学生になっても大丈夫

「小学校に上がるというのに、ひらがなも書けないんです」と、わが子を心配するお母さんの声を、よく耳にします。

結論から言うと、まったく心配いりません。

ひらがなが書けない状態で小学校に入学したとしても、夏休みに入る前までにはきちんと書けるようになるからです。

「ではカタカナは？」と心配する方もいると思いますが、これも心配無用です。

私の娘も小学1年生の夏までカタカナは書けませんでしたが、その後、授業を通じて自然と覚えました。焦《あせ》って無理に教える必要はないのです。

★新聞でひらがなを探そう

「それでも心配……」という方は、お子さんが小学校に上がる前に、ひらがな・カタカナに親しむ機会を与えることに重点を置きましょう。自分の名前が書いてあるのを見て、「これは自分の名前が書いてある」と認識できていたり、鏡文字でも自分の名前が何となく書けていたりすれば十分です。

わかっていない場合には、新聞などを広げて、「あきらくんの『あ』がここに書いてあるね」と声をかけてみましょう。外出したときも、街にある看板を見て「あ」を探してみるのも有効です。

間違っても、無理やり机に向かわせて、毎日ひらがなの書き取り練習をさせようとしないでください。早い段階で「勉強は嫌い」という気持ちを植えつけてしまい、その後の学習に支障が出てしまいます。

小学校に入れば、ひらがなもカタカナも教えてくれます。

幼児の間は、まず勉強好きになる土壌を作っておくだけで十分なのです。

★本の読み聞かせも有効な方法

ひらがなの書き取り練習よりも有効な方法として、本の読み聞かせがあります。これなら子どもも抵抗感なく、文字に関する興味を高めることができます。

特に男の子の場合、小学2年生ぐらいまで、本を読んでほしいとせがんでくることがあります。女の子にはなかなかないことかもしれませんが、お願いされたときには、ぜひ読んであげてください。

男の子は、読むことが億劫《おっくう》なのです。大人でも、文章で書いてあるものを読んで理解するより、口頭で説明してもらったほうが楽なこともあると思います。その感覚と同じです。ですから、ぜひ、お母さんに本を読んでもらいたいと思います。

そうすれば、字を追いかけるうちにある1点に集中してしまい、内容が入ってこなくなる……ということもなくなるでしょう。

小学校高学年になっても読んでと頼んでくる子は、ほとんどいません。「国語が好きになるためのきっかけ」だと思って、できる限りお子さんのリクエストに応じてほしいと思います。

まとめ

幼児の間はひらがな・カタカナは書けなくてOK
「読み聞かせ」で子どもの興味・関心を高めよう

4 国語：「禁止用語調べ」で勉強グセをつける

★漢字は学習したぶんだけ点を取れる

勉強ができるようになるには、「反復練習」が欠かせません。

野球選手が試合前に練習で何百・何千回と素振りをするのは、ヒットを打つためですよね。素振りで球を打つイメージを持って試合に出るから、打つことができます。その準備なしに、突然出場しても打つことはできません。

勉強もそれと同じです。勉強ができる子に育てるためには、早い段階でこの「基礎をくり返しできる習慣」を作っておくことが必要です。

そして、その習慣を作るのに最適な題材が、私は**漢字練習**だと考えています。計算ドリルの問題がそのまま出題されることはほぼありませんが、漢字ドリルに載っている問題は、20題あれば、20題がそのままテストで出題される可能性があります。しかも、「書くだけ」。練習したらしたぶんだけ、確実に点を取ることができます。

さらに、漢字は教養そのもの。大学入試や就職試験にも出題されますし、社会人になっても生きてくるすべての基本とも言えるでしょう。ひとつでも多く覚えさせたいところです。

そのため私はよく、子どもたちに、

「ほかのテストはいいから、漢字テストで１００点を取ろう！」

と言い続けています。

くり返し解けば点が取れるものをみすみすやらないのは、非常にもったいないですよね。

★「禁止用語調べ」で言葉に対する抵抗をなくす

小学生に漢字を覚えさせるコツは、**禁止用語調べと部首調べ**です。

男の子にいきなり漢字に興味を持ってと言っても難しい話ですよね。

そもそも辞書を引くことすらハードルが高いもの。「わからない言葉調べ」という宿題が出ても、やらない子がいるくらいです。

そういう子には、逆に「禁止用語調べ」をさせるのです。

たとえば、

「『おしっこ』って、漢字でどう書くのかな?」

と調べさせたり、ふだん使ったら怒られてしまうような下ネタ用語を、あえて調べさせたりします。遊びや楽しさを加えると、子どもは喜んで取りかかります。

辞書を使うことに抵抗がなくなったら、次のステップとして、漢字の部首を調べさせるようにします。たとえば、図のように問いかけてみましょう。

男の子に効果的な声かけ

「（散歩中に）看板に○○くんの名前についているニンベンを探してみよう」

「（家で新聞や雑誌を見ながら）この中で、○○くんの名前についている『ニンベン』と、お母さんの名前についている『くさかんむり』を探してみよう」

（禁止用語調べなら）「汚い言葉を言ってみて！」

（子どもが「うんち！」と言ってきたら）

「じゃあ、それが辞書にどんなふうに書いてあるか、一緒に調べてみよう」

「ニンベンってどんなイメージだろう？　身体で表わすとどんな感じ？」

こう言うと、部首を身体で表現したり、なかには、積み木を並べて部首を表現したりする子もいます。そういうところから入ると、その後の国語への興味もわいてくるようです。その後、第2章でもご紹介したように、新聞の中からニンベンを使っている漢字を探すようにしたり、街の看板の中にニンベンを探すようにしたりして、漢字への興味・関心を高めていきます。

また興味を持続させるためには、第2章でも紹介したように、ゲームの要素を取り入れるのもひとつの方法です。

たとえば新聞を使って、ニンベンを探すゲームをするのです。「○○くんの名前の部首とお母さんの名前の部首、早く見つけたほうが勝ちね！」などと言って、ぜひお子さんと勝負をしてください。勝ち負けは男の子のやる気をくすぐる重要な要素です。きっと、積極的に勝負に挑むでしょう。そうやって勝負に夢中になっているうちに自然と覚えてしまう学習法は、年齢が低ければ低いほど効果的です。

そのうえで漢字ドリルを解くと、すらすら解けるようになるはずです。

料理は手の込んだメニューほど、下ごしらえがポイントですよね。

勉強もはじめは、子どもが興味を持てるような状態を作ることが欠かせません。

一度入り口を作ってしまえば、あとはすすんで勉強するようになります。

地道な積み重ねができるお子さんは、自然と集中力や考える力が身につくようになります。ぜひそのひと手間を惜しまずサポートしてほしいと思います。

まとめ

「禁止用語調べ」で言葉に対する抵抗がゼロに！

〝ひと手間〟で、お子さんがすすんで勉強し始める

5 国語：読解力は小学校高学年からグンと伸びる

「漢字に興味を持つようになったら、次は、読解力を身につけてもらおう！」と、意気揚々と本を買い与えるものの、なかなか開かない……。あるいは、本を開いても絵ばかり見て文章を読まない……。そんな行動に気をもんでいるお母さんも多いことと思います。

残念ながら、男の子は、文章題を読みません。

文章ではなく、**イラストで判断して答えを書くことも珍しくない**のです。

★男の子はイラストを見て答えを決める

たとえば、設問に、
「主人公は、どんな気持ちだったと思いますか?」
とあったとしましょう。男の子はここで、答えを探す手間を惜しみます。答えに該当する部分を探すのがめんどうくさいので、文章中のイラストを先に見て、表情が笑っているとつい、「楽しい気持ち」と書いてしまったりするのです。

きちんと読めば「寂しい気持ち」とわかるのに、読むのがめんどうくさい、という理由から、**イラストでパッと判断する**わけです。

第1章で、「男の子は自己評価で動く」とお伝えしましたが、勉強でも「楽しいと思えるかどうか」を優先して動くわけです。

以前、こんな物語がテストに出題されました。

ひと言で言うと、子ガモを守るために親ガモが飛び出して、猟師に撃たれてし

まう。父親と狩りに行った少年は、その様子を見て「かわいそうなことをした……」と、心の葛藤《かっとう》を感じるという話でした。たしか小学3年生向けの問題だったと思います。

ここで、「親ガモは、どうして飛び出したのだと思いますか？」という質問に、8割の男の子はどんな解答をしたと思いますか？

それは、「飛び出したかったから」。

他者の気持ちを慮《おもんぱか》るのは、この年齢の男の子にはなかなか難しいものなのです。

★低学年は漢字の書き取りに集中しよう

では、いつになったらちゃんと文章を読み、読解力が上がるようになるのでしょうか。

私の経験上、だいたい小学5〜6年生になれば、自然と上がるようになります。

特に中学受験を考えているお子さんなら大丈夫。国語の場合、学習塾で解くためのテクニックを教えてもらえるので、よほど怠慢《たいまん》でない限り、解けるようになるはずです。

低学年の間は、目に見えないものや人の気持ちについて答えるのは苦手――そんなふうに割り切って、国語はまず、漢字の書き取りを着実にこなせるようサポートしていきましょう。

まとめ

男の子は人の気持ちを慮るのが苦手
小学5〜6年生までは漢字の書き取りに集中しよう

6 作文：「質問＋NGワード」で個性的な文章が書けるようになる

読解力はなくても、学校で出される作文の宿題に、男の子を持つ多くのお母さんが苦戦しているのではないでしょうか。

男の子は経験したことをなかなか言葉にできない生き物です。そんな男の子が作文をうまく書けるようになるためには、まず、書く材料を集めるためのサポートが必要不可欠です。

こう書くと難しく感じるかもしれませんが、特別な準備は何も必要ありません。

★作文に使える言葉を「質問」で引き出す

ではどうやって作文の材料を集めるのかと言うと、**親が質問を通じて、本人から作文に使えそうな言葉を引き出すだけ**です。

「どんな気持ちだった？」

と質問しても、「楽しかった」など、ありきたりの言葉しか出てきませんが、

「そのときの気持ちを色で言うなら何色？」

と聞いてみると、どうでしょう。今までにない、作文に使えそうな言葉が生まれます。

「ケンカをして、赤い気持ちになった」

と言ってきたら、その赤は、怒りを連想させます。

もしそのとき、

「ケンカをして、ピンクの気持ちになった」と予想外の答えが返ってきても、

「ピンクなんて、あるはずないでしょ！」と否定するのはＮＧです。

内容はともかく、まずは、「作文を書く」材料を集めるのが先決だからです。

質問内容は、五感に関連させるといいでしょう。


「悲しい気持ちは、何色に見える?」

「悲しい気持ちを音にすると、どんな音がするだろうね?」

「悲しい気持ちを匂いにすると、何の匂いがすると思う?」

「悲しい気持ちは、触ったらどんな感じなんだろうね?」

「『悲しい』を食べたらどんな味がするかな?」


悲しいという気持ちだけでも、色、音、匂い、触感、味など、表現の仕方は色々あります。この5つの質問を投げかけていると、個性的な文章が書けるようになるでしょう。

★NGワードを決めて語彙《ごい》力《りょく》を鍛える

「楽しかったです」といった頻出ワードを使ってしまうと、たちまちその子の作文は個性がなくなってしまいます。

そこで、**NGワードを作っておく**のもおすすめです。

たとえば、よく使う「『がんばります』『また行きたいです』を最後につけるのはナシね」と最初に言っておいて、ルールにしてしまうのです。こうすれば、どんな言葉を使おうか、子どもは必死に考えるようになります。

「今日は『うれしい』がＮＧワードね」

とすれば、うれしいという言葉の代わりに、ワクワクする、ドキドキする、といった、気持ちを表わす言葉をだんだん使えるようになり、どんどん語彙力が増えます。お母さんの質問次第で、クリエイティブな発想ができるようになっていくでしょう。

学校で習うような、「誰が、いつ、どこで、誰と、どうした」という型には、あまりこだわらなくて良いと思います。

型を意識して書くと、

「ぼくは今日、お母さんとハンバーガーを食べました。おいしかったです」

という、とても素っ気ない文章になりますが、

「ぼくは今日、お母さんとハンバーガーを食べました。やきいものにおいに似ていました。触るとゴツゴツしていて、食べると気持ちがあったかい赤色になりました」

という文章ならどうでしょう？　こちらのほうが先を読みたくなりませんか。

男の子は目に見えないことを表現するのが苦手。そう割り切って、日頃から五感を意識させ、言葉にする質問を浴びせかけましょう。訓練次第で、きっと個性的な作文が書けるようになります。

まとめ

五感をくすぐる質問で発想力を鍛えると個性的な作文が書けるようになる

7

算数：「神経衰弱」で九九を制覇　計算力もアップ

漢字の書き取りの次によく宿題として出されるのが、計算問題です。計算問題は男の子に不人気で、解くことをめんどうくさがります。その半面、うれしそうに解いてしまう男の子もいます。この違いは、一体、何でしょうか。

それは、**「計算が速くできるかどうか」**だけです。

そろばんを習っているようなお子さんは、計算問題の宿題をさっと終えることができますよね。たとえ小学1年生であっても、2桁や3桁の計算を難なくこなすことができます。

かと言って、「そろばんを習いなさい」と言っても、なかなかハードルは高いと言えるでしょう。そこで、トランプを使って楽しく計算問題が解けるようになるゲームを紹介します。

★遊びながら計算がすいすいできるようになる

神経衰弱を応用した、「足して10ゲーム」です。

普通の神経衰弱は、同じ数字を引けば2枚カードをもらえますが、このゲームで使うカードは1～10まで。足して10になる組み合わせで遊びます。1なら9、2なら8、3なら7、4なら6、5なら5のように、めくった数の和が10になればカードを受け取れるというルールです。最初に10を引いた場合のみ、そのままカードをもらうことができます。その場合、「10＋0だから、0は引かなくていいのね」とお子さんに説明しましょう。

慣れてきたら、1～13のカードを使い「足して10以上だったらもらえるよ。でも、10以下だったらもらえないよ」と提案しましょう。

たとえば、7と4を引いたら11になるのでもらえますが、2と5を引いた場合は合計が7になるのでもらえません。

こんなことをくり返していくうちに、一回の神経衰弱の中で何十回も計算することになります。

これは、計算ドリルをするのと同じ効果があります。計算ドリルだとイヤがってやろうとしないお子さんも、こういったゲームとなると、がぜん張り切って計算するようになるのです。

今紹介したゲームは3人でも4人でもできますが、次に紹介するのは2人で行なうゲームになります。

まず、2人でトランプを均等に分けます。その後、トランプを山にして持ち、「せーの」で、上から2枚を出し、表にします。その2枚の数字の合計で、より大きい数字を出したほうが勝ち、というゲームです。

たとえばAさんが5と10、Bさんが1と3なら、どうでしょう。もちろん、A

足して10ゲーム

①トランプの１～10のカードを用意し、裏返しにして置く

②神経衰弱の要領で２枚ずつ順番に引いていき、「１と９」「２と８」のように、めくった数の和が10ならカードを受け取れる

※最初に10を引いた場合のみそのカードを受け取れる（２回目以降に引いてもカードは受け取れない）。最終的にカードの枚数が多い人が勝ち

※慣れてきたら１～13のカードを使い、足して10以上ならカードを受け取れるルールを設定する

さんが勝ちですね。ジョーカーはあらかじめ抜いておくか、0点と換算するなど、ルールを決めておきます。こちらも、遊んでいるだけで何十回も計算するため、自然と計算が苦にならなくなります。

ここで紹介した遊び方は足し算だけですが、慣れてくれば、応用もできます。九九はもちろん、「四則計算をして5になるように」などとお題を出すと、さらに高度になり、おもしろいと感じるでしょう。

★計算は「暗記」がすべて

計算は頭の良し悪しではなく「暗記」です。

今お子さんが計算が苦手でも、それは単に練習が足りていないだけ。練習しないから覚えていないだけなのです。かと言って、苦手意識のあるものを宿題やドリルで克服するのは、とても難しいことです。だからこそ、遊びに変える必要があります。遊びならくり返しやっても楽しいので、苦痛にはなりません。この「くり返し遊ぶ」という経験が、反復練習となるのです。

暗記するほど計算するためには、どうしても練習が必要です。この反復練習ができなくて、お子さんは挫折《ざせつ》していくのです。だったらその反復練習をゲームにし、遊びに変えてしまおうというのがこのゲームの趣旨です。お子さんは、楽しいと思うことには、非常に素直に「もう一回やりたい」と言います。そうなってしまえば、こちらのもの。ぜひ一度、トライしてみてほしいと思います。

★計算が速いと社会に出ても役に立つ

なお、**計算が速いということは、それだけで強みになります。**

たとえば小学校高学年になると、3桁や4桁の計算問題も当たり前になりますが、早い段階から計算に慣れている子どもは、難なく答えを導き出します。

「998円の商品を買うときに、1000円を出したらお釣りはいくら？」

と聞くと、わざわざ計算する子と瞬時に答えを頭に浮かべる子の２通りに分かれます。暗記するくらい計算を数多くこなしている子どもは、「あと２円足したら１０００円になる」と、すぐに計算ができるのです。計算力は受験でも大きな力となります。社会に出ても必要となる力ですので、身につけておいて損はありません。

まとめ

神経衰弱を使えば九九が得意に！
ゲームのくり返しで九九が覚えられる

8 理科：動物の「うんち」で興味を引き出す

理科を楽しく学ぶには、図鑑や本を活用して、男の子が興味を持ちやすい虫や動物を活用するのがベターです。下ネタを取り入れるのも良いでしょう。

書店では今、『ざんねんないきもの事典』（今泉忠明監修／高橋書店）という本をはじめ、子どもが興味を持ちそうな、生き物の変わった生態を紹介している本がたくさん発売されています。

たとえば、

「コアラはママのうんちを離乳食がわりに食べるんだよ。有袋類《ゆうたいるい》と言って、わざ

と袋が逆向きについていて、お尻のほうから顔を出せるような仕組みになっているの」「カクレクマノミは、一番大きいのはメスで、次に大きいのはオス。それ以外はオスでもメスでも、どっちでもないんだよ」

こういった話は、大人が聞いても衝撃的ですよね。楽しい読み物を手に入れて話をすると、子どもたちは一斉に耳を傾けます。

「カマキリは交尾中、メスがオスを食べることがあるんだよ」

「ハムスターは出産後、たんぱく質を得るために、産んだ子どもを食べることがあるんだって」

という話をしてあげてもいいですね。一見残酷に見えますが、これらは生物が生き残るための知恵です。

動物を飼うときも、たとえば「犬の寿命は約12年」といった話ができます。哺乳《ほにゅう》類の話や、爬虫《はちゅう》類の話にしても、無機質な教科書から学び始めるより、子

男の子に効果的な声かけ

「ハトとネコは、それぞれママから生まれるか、卵から生まれるか、どっちだと思う？」

「カマキリは交尾中、メスがオスを食べることがあるんだよ」

「食べた物は、口から食道、胃を通って、さらに小腸と大腸を通ってからうんちになるんだよ」

どもが「おもしろい！」と食いついた話からどんどん覚えてもらったほうが、楽しく学びが進みます。ぜひおもしろい本を取り入れて、話のネタにしましょう。

まとめ

理科の勉強には本や図鑑が効く！
話のネタ次第で自然と学習意欲は高まる

9 理科：食卓での「先取り学習」で一気に勉強意欲が高まる

動物の話でお子さんが理科に興味を持ち始めると、理科に対するハードルはだいぶ下がったと言えるでしょう。動物以外にも、理科の題材は身近にたくさんあります。ふだんの会話を工夫することで、理科への興味をさらに喚起することができます。

たとえば野菜の種類には、「単子葉類《たんしようるい》」と「双子葉類《そうしようるい》」があります。単子葉類は、ネギやイネのように葉脈《ようみゃく》が平行なもの、双子葉類は、葉がホウレンソウやキャベツのように網目状になっているものを指します。

通常は中学生になるまで習わない内容ですが、**「友達よりも知っている」「自分も勉強ができるんだ」という経験があると、お子さんの大きな自信につながります**。食卓での会話に盛り込むことで、簡単に先取り学習をすることができるのです。

最初から難しいことを言う必要はありません。植物の種類を説明したうえで、

「今日の夕飯はカレーだよ。ジャガイモとニンジンが入っているけど、単子葉類と双子葉類、どっちだと思う？」

「タマネギの葉っぱって、見たことがないね。どんな葉っぱをしているのか、調べてみようか？」

こんな話をするだけで、お子さんの知的好奇心をくすぐることができます。

お子さんが食いついてきたら、さらに話を広げても良いでしょう。

「単子葉類の根っこは〝ひげ根〟と言って、根が細かく分かれているんだよ」

「ホウレンソウは、双子葉類だよね。どんな根っこをしているか、見てみよう」

「双子葉類には、花びらが分かれている離弁花類《りべんかるい》と、くっついている合弁花類《ごうべんかるい》が

単子葉類と双子葉類

単子葉類《たんしようるい》
子葉《しよう》は1枚《まい》
平行《へいこう》な葉脈《ようみゃく》
くき
いかんそく
茎《くき》の維管束《いかんそく》は散《ち》らばっている
根《ね》はひげ根《ね》
イネ イネ科
トウモロコシ イネ科
ユリ ユリ科
ニラ ヒガンバナ科
双子葉類《そうしようるい》
双子葉類 ▶ 合弁花類 離弁花類
子葉《しよう》は2枚《まい》
網目状《あみめじょう》の葉脈《ようみゃく》
くき
いかんそく
茎《くき》の維管束《いかんそく》は輪《わ》の形《かたち》に並《なら》ぶ
根《ね》は主根《しゅこん》と側根《そっこん》
離弁花類《りべんかるい》
花《はな》びらが分《わ》かれている
サボテン サボテン科
サクラ バラ科
ナズナ アブラナ科
エンドウ マメ科
合弁花類《ごうべんかるい》
花《はな》びらがくっついている
サツキ ツツジ科
タンポポ キク科
アサガオ ヒルガオ科
ヘチマ ウリ科
ピーマン ナス科

あるんだよ」

「アサガオは、合弁花類だね。花びらがどうなっているか、見てみようか」

こんなふうに言うと、単子葉類と双子葉類との根っこの違いや、離弁花類と合弁花類の花びらの違いを、見比べる気になります。ぜひ前ページの図も参考にしながら、会話に取り入れてみてください。

最近は、根っこのない野菜ばかりが販売されているため、よくわからないときは、インターネットで調べても良いでしょう。

国語・算数が苦手なお子さんにこそ、ぜひ試していただきたい内容です。

まとめ

先取り学習はお子さんの自信につながる！

食卓でのちょっとした会話で勉強意欲を高めよう

10 社会：日本地図やプラレールで一緒に楽しもう

社会の勉強法と言われるとつい身構えてしまいそうですが、難しく考える必要はありません。理科と同様、お子さんが興味を持ちそうな題材を用いて「お母さんが一緒に学ぶ」姿勢を見せることが大切です。お母さんも一緒に学ぶことで数々の知識を得ることができ、むしろ楽しい学習時間になるはずです。

社会には色々な単元がありますが、中学受験を意識するなら、時事問題と日本地図（県庁所在地、特産物）、日本史は必ず押さえておきたいテーマです。中学受験をしなくても、日本地図は覚えておくと色々な場面で使えます。

時事問題には、たとえば、「北海道新幹線はどこまで通っているか?」といった、鉄道にまつわる問題があります。男の子は乗り物好きなことも多いので、ふだんのニュースや新聞、写真などで「北海道新幹線って、函館まで開通したんだね～」と話しかけるだけでも、興味を喚起することができます。

★五感をフル活用すると記憶に残りやすくなる

県庁所在地については、だいたい出題されるポイントが決まっています(三重県の津市、滋賀県の大津市、埼玉県のさいたま市など)。47都道府県名はすべて漢字で書けるかどうかがポイントになります。冷蔵庫に日本地図を貼って毎日「○○県の県庁所在地は××市なんだね」と言うだけでも、記憶に残りやすくなります。特産物を覚えるなら、男の子に人気のプラレールと市販の都道府県カードをセットにして遊ぶことをおすすめします。

遊び方は簡単です。まずカードの端に洗濯バサミを2つ付け、立てたカードを

男の子に効果的な声かけ

「北海道新幹線って、函館まで開通したんだね〜」

「埼玉県の県庁所在地はさいたま市なんだね」

（プラレールで遊びながら）「こまちが福島駅に停まったね。福島って、桃が有名なところなんだよ」

「群馬県の高崎駅は『だるま』の生産で有名なんだね」

駅に見立てます。新幹線のこまちが好きな男の子なら、福島県のカードを駅に見立てて「こまちが福島駅に停まったね。福島って、桃が有名なところなんだよ」などと話すことで、県名と特産物を自然と覚えることができます。

子どもが好きなこと、興味のあることからつなげることが一番です。

まとめ

プラレールも社会を学ぶ立派な道具！
身近なおもちゃを勉強に活用しよう

11 英語：2歳から開始OK！家で動きながら単語を話そう

年々英語を習い始める子どもの低年齢化が進んでいますが、いよいよ2020年度、小学校の英語教育が義務化されます。**英語は触れている時間に比例して学力が上がる科目なので、早めに学んでおいて損はない**でしょう。

ですが、「幼少時は日本語をしっかり学ばせたい」「2カ国語を同時に学ぶのは勉強時間が増えるので避けたい」といったお母さんも少なくありません。

それぞれの家庭の方針があるでしょうから、どちらが良いとは一概《いちがい》に言えませんが、これからの時代を生きる子どもにとって、早期に学び始めたほうが有利になると私は考えています。

というのも、2021年実施分から英語の大学入試制度も大きく変わるからです。これまでは、ライティングとリーディングが中心でしたが、ここにリスニングとスピーキングが加わり、これまで以上に総合的な英語能力が求められることは必至です。そういう意味でも、できるだけ早期から英語に対する抵抗をなくしておくと、後々楽でしょう。

★英語は2歳から学んでも早すぎない

では、何歳くらいから英語に触れると良いのでしょうか。

小学3～4年生から学び始める場合、習得が難しいかもしれません。なぜなら、英語で発音することを恥ずかしく感じる年齢になるからです。

一方、お母さんの言葉を真似して話す**2歳くらいから学ぶとベストタイミング**だと考えています。この時期は、英語に限らず、耳にした言葉をそのまま口に出そうとする時期だからです。

3～4歳からでも遅くはありませんが、小さいうちから触れれば触れるほど、吸収できる確率は高くなります。

ではどんなふうに学ぶのかというと、具体的には、**ジェスチャーを使ったり、紙を使用して言葉を伝えること**をおすすめします。

幼児のうちから学ぶのであれば、おままごとなどで「あひるだね」「りんごだね」と声かけするときに、「Duck」「Apple」と、英語も一緒にセットで教えてあげるといいでしょう。今は英語の本やカードなども書店でたくさん売っていますから、それを見せたり読んだりするだけでも、勉強になります。

動きを取り入れながら学ぶと、より記憶に残りやすくなります。

たとえば娘の通っていたインターナショナルスクールで、あるとき先生たちが「Give me five!」と言いながらハイタッチをしているのを見たことがありました。言葉だけだと「5をちょうだい」になりますが、翻訳すると、「イェーイ！」

「やったね！」といった意味合いになります。

このように会話と動作、セットで覚えると記憶に残りやすくなります。

英語は、外部の先生に習う方法もありますが、自宅で毎日何かしらの英語に触れるほうが、長続きします。習い事として学ぶと、週に1回くらいしか触れませんが、家でなら、少しずつでも毎日学ぶことができ、免疫力をつけることができるからです。YouTubeに英語の歌も豊富にありますから、それを流しておくだけでも、勉強になるでしょう。毎日、ひとつでも学習カードで単語を言い合うだけでも、耳が慣れていきます。

ほかにも、食事をするとき、会話に英語を混ぜてみるのもひとつの方法です。流暢《りゅうちょう》な英語を話す必要はありません。たとえばしょうゆを取ってほしいときは、「Could you please pass me soy-sauce.」と言ってみるだけでも勉強になりますよね。

お子さんに机をふいてほしいときは、「Please dry your table.」と毎日言ってい

男の子に効果的な声かけ

（科目を英語で言ってもらう習慣づけも◎）

国語	Japanese
算数	Mathematics（Math）
理科	Science
社会	Social Studies
英語	English
音楽	Music
図工	Arts and Crafts
体育	Physical Education（P.E.）

れば、自然と口をついて出るようになるでしょう。

くり返しになりますが、**英語は触れている時間が長ければ長いほど、確実に学力が伸びる科目**です。

少しずつで良いので、ぜひ子どもと一緒に触れる時間を作るようにしましょう。

まとめ

英語を学ぶなら2歳からでも早すぎない
会話と動作をセットにして学ぼう

第4章

驚くほど
学習態度が変わる！
男の子を育てる
しつけのコツ

1 「ごほうび」＋「時間区切り」ですすんで勉強し始める

男の子を勉強させるには、ごほうびを有効活用するのが一番です。男の子の好きなゲームやおやつを効果的に与えるのです。

ポイントは、ここでも**時間を決めること**。

たとえば、宿題をする時間を「15分」に設定します。「時間内に宿題を終えたら、このアイスを食べていいよ」「ゲームをする時間を10分延長していいよ」というルールにします。集中力が持たないので、1時間といった長時間には設定しないようにしましょう。

お子さんに自ら目標を立てなさいと言っても、無茶な話です。大人でも、短期

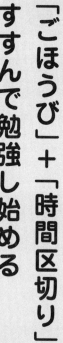

的な目標は簡単に書き出せても、「今年はこういうふうにやっていきたい」といった長期的な目標を立てる場合、思わず考え込んでしまうのではないでしょうか。

　最初のうちは、目標がごほうびにすり替わってもいいと思います。子どもの好きなことを通じてやる気を高めましょう。「ごほうびがないと、何もしない子になってしまうのでは……?」と心配する人もいるかもしれませんが、大丈夫です。年齢が上がるにつれて、ごほうびは、やりたいことや目標に変わっていきます。

まとめ

「あえてのごほうび」でやる気アップ
厳しく制限するだけが子育てではない

2 驚くほど早起きするようになるたったひとつの方法とは？

子どもに勉強をさせようとするお母さんの前に、立ちはだかるカベがあります。

それは、**「ゲーム」**です。

子どもを持つ全国のお母さんに話を聞くと、必ずと言っていいほど頭を悩ませている問題と言っても過言ではありません。

しかしこのゲームをうまく利用することで、お子さんの生活習慣を改めることができます。どうするのかというと、「ゲームをしていいのは朝だけ」と限定するのです。

ゲーム時間を朝に設定すると、お子さんはゲームをやりたい一心で早起きする

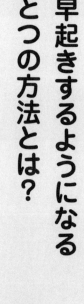

ようになります。日曜の朝に、好きなテレビ番組を観るためにふだんより早く起きてくるのと同じですね。

「学校に行く準備とごはんを終えて登校するまでの20分は、ゲームをやっていいよ」と伝えれば、お子さんは、驚くほどテキパキと準備をするようになります。

★「子どもをどう育てたいのか」を判断基準にする

では、こんな場合にはどうでしょうか。

「お友達が遊びにきたときは、ゲームをさせてOK?」

「お母さん同士で外食する際、ほとんどの家庭が子どもにゲームをさせているけれど、そんなときはどうする?」

これらの質問に対する回答は、結論から言うと、**「子どもをどう育てたいのか?」によって決めるのが一番**です。

わが子は、娘だったということもありますが、小学生のときはゲームを一切さ

せませんでした。6年間、ゲームをさせるのとさせない状態とを想像したときに、させなくても支障はないと判断したわけです。

友達の家に集まるときは、だいたいみんなゲーム機を持参するので娘は不安に思うかなと思ったのですが、友達同士で貸し借りをして過ごしていたようです。

今はほとんどの子どもがゲーム機を持っているため、持たせないほうが難しいと言っていいでしょう。母親として子どもにさせないという意志を貫くかどうか、よく考えて決断することをおすすめします。

★ゲーム機や携帯を持たせるときはルールを決める

携帯電話を持つようになったら、いずれにしてもゲームはするようになります。SNSも始めるため、何らかの形で問題は出てきます。

それなら最初に、「帰ってきてからゲームをするんだったら、20分だけね」と時間を決めたり、「約束を守れなかったときは3日間使用禁止ね」といった**ペナル**

ティを決めておくのが良いと思います。

実は、ゲームや携帯電話で最も問題なのは、**自分で時間の管理ができないこと**です。

時間の管理ができないと、大人になっても仕事などで苦しむことになります。

ゲームや携帯電話はそういう意味で、良い題材。使用時間や充電する場所をあらかじめ決めておく。そうすることで親もイライラせずに済みますし、子どもも時間感覚を身につけることができます。ルールを決めない限り、ズルズル・ダラダラと使い続けてしまいます。そうならないよう、先手を打つのがコツです。

まとめ

ゲームをさせるなら「朝」がおすすめ
ルールを決めて時間感覚を身につけさせよう

3 子どもを「ネット難民」にさせないために親ができること

スマートフォンやインターネットもゲーム機と同じく、使わせる前にルールを決めておくのが大原則です。ネットは勉強用の動画など使えるコンテンツも豊富なため、どこまで制限をかけるか、悩ましく思う気持ちはわかります。けれども自分で時間管理できないうちは、**親が時間や金額の上限を決め、その範囲内で楽しめるようにします**。

「スマホは夜10時以降触ってはダメ（ネットも使えなくなる）」

「通話料金がここまでになったら、あなたのお年玉から支払うね」

と、具体的に決めておくのです。

すでに子どもにスマートフォンを渡してしまっている場合も同様です。

「○○くんがネットを見すぎると、宿題する時間や寝る時間がなくなってしまうよね。だから、今日からネットを使っていいのは19〜20時にしようと思うんだけど、どうかな?」と、提案するようにしましょう。そのうえで、子どもに選択させるのがベストです。

★アダルトサイトとの適切な接し方

では、アダルトサイトとはどう付き合えばいいのでしょうか。

まず大前提としてお母さんに理解しておいてほしいのは、男の子がアダルトサイトを見ようとするのは健全な証拠だということです。

今やYouTuberが人気職業になる時代です。ネットに触れる時間が増えている現代において、いつどんな状況で子どもがアダルトサイトを見ることになってもおかしくありません。手を尽くしても、見てしまうことはあるでしょう。

それなら、いつ直面してもいいように家庭でしっかりと教育してはいかがでしょう。性教育をしっかり受けさせていれば、いちいちやきもきする必要はありません。

とはいえ、性の話になると身構えてしまうお母さんがたくさんいます。しかしながら、最終的には誰もが通る道。お子さんには早い段階で話しておいたほうが、むしろ後でスムーズです。

★家庭でこそ性教育の話をしよう

ある知り合いのお母さんが、高校を卒業する息子さんに、

「高校卒業までチェリーボーイだったね」と言ったら、

「そういう関係になったんだけど、うまくいかなかったんだよね」

と話したそうです。

こんな話をさらりと話し合えるなんて、素敵な親子関係ですよね。性について

親子間でオープンに話す習慣がついていると、一緒に対策も考えられますし、万が一女の子との間に何か起きても、隠さず報告してくれるはずです。性犯罪などに巻き込まれる可能性もぐんと低くなるでしょう。

学校にもよりますが、日本は性教育が遅れているのが現状です。男の子はアダルトビデオを見ることで性について学ぶことが多いとされています。しかし、アダルトビデオは制作者の意図が出やすく、レイプや幼児虐待といった偏った思考を植え付けることにもなりかねません。しかし、子どものうちから性教育を受けていると、いざ当事者になったとき、あわてずに済みます。

では、家庭でどんなふうに性教育を教えると良いでしょうか。

「理科」で習う内容をベースに教えると、とてもスムーズです。

「赤ちゃんはどこから生まれると思う?」

と子どもに聞くと、だいたい「おなか」と答えます。

そこで、次のように話します。

「違うんだよ。うんちとおしっこが出る穴の間に膣《ちつ》っていうところがあって、そこから生まれるんだよ」と。

このように、まるで動物のことのように話すと、素直に聞きます。これなら、迷わず話すことができるでしょう。

「性の話」と思うとハードルが高くなりますが、「理科の話」と思うと、がぜん話しやすくなります。話す用語も、人体の図鑑に載っているような言葉を使うと、親のほうも照れずに言うことができるでしょう。

性についてふざけたり、ひやかしたりするのは、正しい教育を受けていないからです。身体の変化が始まる小学校高学年になる前――たとえば10歳になる前までに教えておくと親のほうも話しやすく、子どもも素直に受け入れてくれます。

まとめ

性教育の話をするのは早いほうが良い
正しい知識を身に付ければ大人になってあわてない

4 子育てはサッカーの試合と同じ 反則したら即ペナルティ

子どもは、親の言葉と行動をよく見ているものです。

もし、子どもの言っていることとやっていることが違っていたら叱りますよね？　子どもも同じです。**親の言動が食い違っていたら、言うことを聞く気になれません。**

★子どもは「親の覚悟」を見て取るべき態度を決めている

以前、ペナルティとして「1週間ゲーム禁止！」と言ってゲーム機を隠したのに、子どもが探し出して何度もやってしまうことを嘆いている親がいました。

これは、親の覚悟が見られている典型例です。ルールを破ったのなら、ゲーム機を捨てるくらいの覚悟でいればいいだけです。それを、

「高価なものだから捨てられない」

「おじいちゃん、おばあちゃんが買ってくれたものだから捨てられない」

と、**親の都合でとっておくから子どもにナメられてしまう**のです。

そういうときは、ゲーム機を捨てなかったらどうなるか、ということを想像したら良いと思います。ゲームをくり返しやってしまうことで、わが子が時間管理できない大人になってしまうことのほうが問題だと思いませんか？

子どもが見ているのは、すべてにおいて「親の覚悟」だけです。

★約束を破ったら即ペナルティを実行する

ちなみに私は、滅多にダメと言いません。ですから、もし私がダメだと言った

ら、それは絶対に実行されることなんだ、ということを娘は知っています。

たとえば、「レストランでお友達とケンカしたり、うるさくしたりしたら帰るよ」と事前に子どもに言っておくとしましょう。そして子どもが騒いだらどうしますか？　たいていのお母さんは帰らないのですが、私はさっさと帰ります。子どももそれをわかっているから、約束を守るのです。

行く場所がたとえディズニーランドであろうと、高級ホテルだろうと、関係ありません。**約束を破れば、即実行する。**ただそれだけのことです。

私が運営する日本親勉アカデミー協会に所属するインストラクターたちにはよくこの話をしているからか、お子さんが問題行動を起こしたら、すぐにペナルティを実行する人が多いです。

なかには、

「ハワイのアクティビティに行って、子どもが約束を破ったから帰ってきた」

という猛者《もさ》もいました。でも、それを実行したことで、

「次に出かけるときに、子どもの態度が激変して良くなりました！」

と喜んでいました。

ときには、「娘さんがかわいそう」「高いのにもったいない」と口にする人もいますが、子どもが約束を破ったのにペナルティを実行しなかったら、その後には子どもとの十数年の戦いが待っています。**「お母さんは口ではああ言っているけど、行動には移さない」と一度思われると、何度も同じことがくり返される可能性があります**。

そう考えると、その場で帰って得られる経験は、安いと思いませんか？

早いうちから親の覚悟を見せることをしておかないと、中高生になってからとてつもなく大変になってしまいます。中高生は、反抗期にあたるからです。

「お母さんは本気でやるんだ」という覚悟を子どもにいくつ見せてきたかが、後に問われるのです。

言ってみればスポーツと一緒です。反則したからといって審判員はいちいち怒りませんよね。審判内容を告げ、選手はその審判結果に従うだけです。

★ルール化は日常生活にも応用できる

ゲームのルール化は、ゲーム以外の日常生活にも応用できます。

1時間かけてごはんをダラダラ食べたり、テレビをつけっぱなしで食事したり……。こんなとき、お母さんが延々と小言を言ったところで、残念ながら男の子は右から左に聞き流すだけです。何せ、「聞かざる」ですから。

腹を立てたくなる気持ちもわかりますが、ここでもルールを決め、破ったらペナルティを実行する仕組みを作っておくと後で楽です。

たとえば、「幼稚園に行くから、時計の長い針が7のところにくるまでにごはんを食べてね」と伝えたとします。そして約束の時間になって食べられなくて子どもが泣いても、「7のところにくるまでに食べられなかったから、仕方ないね」と言って食事を下げます。ここでいちいち怒るのにエネルギーを使いません。

豊かな食にあふれたこの日本で、少し食べられないくらいで倒れてしまう子どもはいません。逆に早くお腹がすいて、お昼をモリモリ食べるかもしれません。

自分でルールを決めたのに、そのルールを場によってコロコロ変更するお母さんがとても多いのは、残念なことです。ぜひ、親として一貫性を持ちましょう。

親の覚悟は、思った以上に子どもに見られているのです。

まとめ

ルールを破ったら、ペナルティを即実行
一度決めたことは絶対に実行する覚悟を見せよう

5 お手伝いは無理にやらせなくていい

勉強以外にも、お手伝いが自然とできる子に育てたいと望むお母さんは多いです。

たしかに家事や育児など、子どもがサポートしてくれたらどれだけ助かるか。特に共働きの家庭は、子どもが家事を手伝ってくれるとありがたいと思います。

では、そうではない親は、なぜ子どもにお手伝いをさせたいのでしょうか。

できないより、「できるようになったほうがいいから」かもしれません。

しかしそれは、

「英語ができるようになったほうがいいから」

というのと同じで、なんだか漠然としていませんか？

私は、**子どもの自立に直接関係ないことは、やらせる必要はない**と思っています。お手伝いも同じです。それより一番大事なことは、第1章でお伝えしたように、子どもが「何をやりたいか」をちゃんとわかっていることだと考えます。

★子どものお手伝いには忍耐力が必要

子どもにお手伝いをしてもらうことによって、親の忍耐力が試されます。

なぜなら子どもは確実に失敗するものだからです。

お米を研《と》がせれば100％こぼしますし、ゆっくり研ぐので、お米もふやけがちです。それを見て、何も言わないでいられる自信があるでしょうか。

もし**お手伝いさせるなら、子どもの動きを大目に見てあげられる心の余裕を**

持つことが必須です。

ましてや、親の気分で気まぐれにやらせてしまってては大変なことになります。ケーキを作ったり、夏休みの自由研究でお料理を作ったりと、はじめからイベントとわかっていてやらせるぶんにはいいでしょう。

しかし、お手伝い自体を毎日の習慣にするまでは、忍耐の連続です。親に余裕がないとき、失敗された瞬間に、つい激しく叱ってしまいます。ほめてもらえなければ、子どもはお手伝いをイヤになってしまいます。

「お風呂を洗うと言ったのに、何回言っても洗わない」
「洗濯物は自分でたたむと言ったのにやらない」

とルールを作って、それにとらわれているお母さんの多いこと！ ルールを作れば作るほど、できなかったときの落胆が激しく感情的になりやすくなってしまいます。それなら、最初からそんなルールは作らないほうが、子どもとの関係を良好に保つことができるのです。

「お手伝いをさせなくては」とあまり気負わず、自分が楽に思えるほうを選びましょう。

後片付けのことを考えると、自分でしたほうが楽だと思えばササッと済ませればいいですし、お手伝いをしてもらったほうが助かると思えばやってもらいます。

そしてどんな結果であれ、最後はＩメッセージで、

「ありがとうね。お母さん、助かったよ！」

と伝えましょう。

★子どもを通して自分の評価を期待しない

子どもがしっかりあいさつができたり、勉強ができたり、お手伝いができたりすると、「〇〇くんすごいね」と、親である自分がほめられたような気がします。良い評価がもらえているような気がしてうれしくなります。その気持ちはわかります。けれども、**子どもを通して自分の評価を期待するのはやめましょう。**

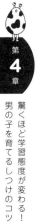

「子どもがだらしなくてイヤだ」

と言うのは、ほとんどのお母さんが
「自分がちゃんとしていない母親と思われるのがイヤだ」

と思っているということなのです。この考えは、とても残念です。

しつけは本来、本人が社会に出たときに困らないようにさせるためのもの。本人のためであって、お母さんのためではありません。子どもは子ども、親は親です。


大学生がお茶の出し方を知らなくても、決して恥ずかしいことではありません。社会に出れば、先輩社員に教えてもらう機会はあることでしょう。私はそれで十分だと考えています。自分の娘にもお手伝いは一切させませんでしたが、今は忙しい私の代わりにそうじや洗濯など、家事全般をすすんでしてくれます。

第2章でもお伝えしましたが、お手伝いに限らずしつけは、

「今できるかどうかではなく、社会人になったときにできていればいいよね」

というところに重きを置いて考えてほしいと思います。

いちいち期待通りにならないとイライラする時間がもったいないと思いませんか？　その時間を自分の好きなことに充《あ》てたほうが、人生楽しく過ごせます。

まとめ

「良いお母さんに見られたい」がために子どもにお手伝いをさせるのはやめよう

6

「叱る役割」と「遊ぶ役割」を分担しよう

★叱れば叱るほど効力はなくなる

子育てをしていると、毎日子どもを叱りたくなるような出来事がいっぱいで、すぐに怒ってしまう……という経験をしているお母さんも多いのではないでしょうか。ここでは、できるだけ叱らずに済む方法をお伝えしたいと思います。

たとえば、レストランでお箸をグラスに入れてグルグルする子がいますよね。お行儀は悪いのですが、これは子どもにとって、「実験」という認識です。

そういうときは、

「○○くん、今これをグルグルしたいんだね。割れたら危ないから、ママが押さえていてあげるね」と言って手を添えるようにします。

そんな子どもの行動を助長するようなことをしていいのかと思うかもしれませんが、大丈夫。子どもは飽きたら自然とやめます。

「ここで親として注意しておかないと、世間的に見て良くない」という世間体から、子どもを注意しようとしていませんか。

叱る数が多ければ多いほど、効力はなくなってしまいます。

叱られるのがルーティンになってしまうと、ただでさえ男の子は「聞かざる」習性があるのに、ますます聞く耳を持たなくなってしまいます。

たまに叱られるからこそ効果があるのです。

★お父さんには「遊ぶ役割」に徹してもらう

お母さんが叱っても意味がないからと、叱るときだけお父さんに出てきてもらうという家庭があります。私はこれには反対です。

ふだんお母さんと接している時間のほうが長いのに、突然登場してきたお父さんに怒られるのは、子どもからしてみれば、納得がいかないことだと思いませんか?

職場で、ふだんなかなか会うことのない役員から突然呼ばれたとしましょう。滅多に会わない人から急に注意されても、

「え?　なんでこの人に言われなきゃいけないの?」

と思いますよね。それと同じことなのです。

それならお父さんには、「遊んでくれる人」に徹してもらったほうがいいのです。

お母さんにあまりやりたくないことを聞くと、だいたい「鬼ごっこなど、体を使う遊びに付き合うこと」が上位に上がります。なんでもお母さんが背負う必要はありません。この部分はお父さんに任せましょう。

家庭内でどちらが何を担当するか、役割分担を決めるといいと思います。

もしお父さんが叱ることがあるとするなら、急に道路に飛び出したり、とても高いところから飛び降りるといった、命に関わるくらい危険な行為をしたときだけで十分ではないでしょうか。

まとめ

叱るのはお母さん、遊ぶのはお父さんと
家庭内で役割分担を決めよう

7 男の子はその場で、女の子は別室で叱ろう

「叱りたくない」と思っていても、やむを得ず叱らなくてはならない場面もあることでしょう。そこで知っておいてほしいのが、叱るタイミングや場所。男の子と女の子とでは大きな違いがあります。

男の子を叱るなら、「すぐに、その場で」が鉄則。

あとで叱っても意味がありません。すぐに忘れてしまうからです。

ただ、叱ってもまたくり返すのが男の子の悲しい性《さが》。イライラしたら、「女の子よりマイナス2歳だからしようがないのかな」と思うようにしましょう。

一方女の子は、第1章でお伝えしたように、「他者の視点」を持っています。で

すから、みんなの前で叱ると、「恥をかかされた」と感じて、怒りや悔しさといった余計な感情が出てきます。そのため素直にごめんなさいを言えなかったり、つかなくてもいい嘘をついたりします。他者評価を下げられたことに対して、反発してしまうわけです。これは女の子によく見られる傾向です。

そうならないためにも、**女の子を叱るときは、別室で行なったほうが素直に聞いてくれます**。叱られている意味もちゃんとわかってもらえるでしょう。

男の子と女の子とでは、場所とタイミングを意識して叱ることを覚えておいてほしいと思います。

まとめ

男の子はすぐにその場で、女の子は別室に呼んで叱ると効く

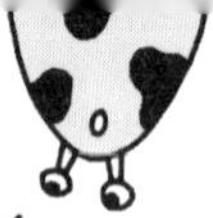

8 ケンカが起こったら、女の子に話を聞く

「学校でケガをして帰ってきたけれど、息子に何を聞いても話してくれない」
「話を引き出したいけれど、息子の言っていることがよくわからない」

このように、男の子とのコミュニケーションに悩んでいるお母さんもいるのではないでしょうか。

実はこれ、当たり前のことと言えます。

第1章でお伝えした通り、男の子は客観性を持ち合わせていません。物事を短絡的にとらえ、主体的に話をするので、「自分がそのときどんな気持ちだったか」といったことを言うことはできても、物事が起こった背景などを客観的に説明す

ることが苦手です。言い換えれば、感じたことを感じたまま表現する、とても素直な感性を持っているのです。

特に、幼児～小学2年生くらいの男の子に話を聞いても、こちらが納得いく答えが返ってくることはまれです。がっかりするかもしれませんが、これが現実です。

★男の子の話3割、女の子の話7割で納得

たとえば、子どもが「ケガをした」「ケンカをした」と言ってきたとき、どうすればその背景を知ることができるでしょうか。

そういうときは、その男の子の話を聞きつつ、同じ場にいた女の子の話も聞くようにします。女の子は「ほかの子はこう言った」「見ていた私はこう思った」と、他者の視点を持っているため、客観的に話を聞くことができます。

男の子の話を聞いてから女の子の話を聞くと「あぁ、そういうことだったんだ」と総合的にわかるケースが多いと言えるでしょう。

かといって女の子の話ばかり聞いて、男の子のお子さんの話をまったく聞かないと、「どうしてぼくに聞いてくれないの？」と、本人を不安にさせてしまいます。

本人の話にしっかり一通り耳を傾けたうえで、「周りに誰かいた？」と聞いてみましょう。そのうえで、「じゃあ、○○ちゃんにも聞いてみるね」と言って聞いてみるといいでしょう。そうすれば子どもを不安にさせることなく、情報を広く集めることができます。

よく「話半分」と言いますが、男の子の場合は、「話3割」で聞くくらいでちょうどいいと言えます。残り7割は、周りにいた女の子や大人の話を聞けばだいたい何が起こったのか、背景も含めて知ることができます。

この話をすると、たくさんのお母さんが「うちの子だけじゃなかったんだ！」と安心します。小学校低学年の間は、子どもの説明がよくわからなくても大丈夫。周りに話を聞くことで、背景を理解するよう努めましょう。

まとめ

男の子の話はわからなくて当たり前
女の子にも話を聞いて、背景を知ろう

9 「ちゃんと説明できる子」を育てる質問とは？

男の子が説明下手なのはわかったけれど、親としてできることはないかと考えるお母さんもいることでしょう。そこでここでは、質問を通して「ちゃんと話せる子」に育てる方法をお伝えします。

★「コミュニケーション下手」は親が作っている

ちゃんと話せる子に育てるには、ふだんから子どもが話したくなる雰囲気を作ることが大切です。

たとえば子どもが家に帰ってきたら、こう伝えましょう。

「おかえり！　元気に帰ってきたね。きっと楽しかったんだね。お母さんに、何をして楽しかったのか、教えてくれる？　今話したくなかったら、いつでもいいから教えてね」

間違っても「誰と遊んだの？　楽しかったの？」と、畳み掛けるように質問するのはＮＧ。**イエスかノーで答えられるような質問や、単語だけで答えられる質問ばかりしていると、コミュニケーション下手な子になってしまいます**。親自身が、コミュニケーションが苦手な子を作ってしまっているのです。

コミュニケーションが取れないと、物事を先に進めることができません。

たとえば忘れ物をしたため、先生の赤鉛筆を借りたいとしましょう。

そんなとき、どんなふうに言うでしょうか。話し下手な子の場合、「赤鉛筆を忘れました」とだけ言いにきます。つまり、単なる〝報告〟です。

こういう子は、「それで？」と聞き返しても、次の言葉が出てきません。

「どうする？　取りに戻る？」と聞くと、本当に取りに帰ってしまう子もいます。

こちらは、取りに行かせたいわけではなく、

「友達に借ります」「貸してください」という言葉を引き出したいのですが、子どものほうは〝指示〟だと思って従ってしまうのです。

尋問で育てられてきた子どもは、会話のやりとりが苦手です。

あれこれ細かく聞き出したりせず、子ども自身に説明させる習慣、提案してもらう習慣をつけさせましょう。

具体的には、「じゃあ、どうする？」というふうに話しかけます。

たったこれだけでも、自分で次の行動を決められるようになるはずです。

まとめ

親の伝え方次第でコミュニケーションはうまくなる
「細かく聞き出さない」のがコツ

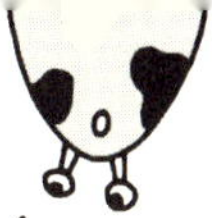

10 子育てのゴールはどこに置くか

ここまで、男の子のしつけについてお話ししてきましたが、最後にもうひとつだけ、お伝えしたいことがあります。

全国のお母さんに会って話を聞くと、基本的なことができていないと、すぐにイライラする方が多いことに気付かされます。

「お箸の使い方が変」「忘れ物が多い」など、小さなつまずきを気にします。

私にも子どもがいますから、気持ちもわからないではありません。

ですが、ちょっと考えてみてください。

子育てのゴールは何歳でしょうか。

私は、子育てのゴールは22歳くらいだと思っています。

ただし第1章でもお伝えした通り、男の子の場合、女の子マイナス2歳なので、24歳くらいと考えると良いでしょう。

子育てのゴールはズバリ、子どもを自立させることです。

もっと言えば、働いて経済的に独り立ちできる大人に育てることです。

24歳になって、いつも大事な書類を忘れるような社会人は、そうそういないはず。たとえ子どもの今は忘れ物が多くても、大人になれば忘れない工夫をします。それに、大人にとって「正しいこと」を身につけさせようとするよりも、忘れたときにどう対応するかを考える力をつけさせておくことのほうが、よっぽど大切ではないでしょうか。

早い子であれば、18歳で外に出て行きます。最初は親の仕送りが必要でも、そのまま親元に帰ってこず、離れて暮らすほうが、はるかに自立できる子になりますし、健全です。

子どもを24歳で自立させるには、どうしたらいいか。

そのことだけを、とにかく最優先で考えてほしいのです。

ですから、24歳になったら当たり前にできているだろうということは、今あえて言わなくて大丈夫です。

私たちのもとから飛び立つ日を見据えながら、わが子が小さいうちから、

「なんでだろうね」「どうする？」

と、子どもの自立をうながせる質問を常にできるお母さんでいたいものですね。

まとめ

24歳になったら誰もができることはスルー
子どもの自立をうながす質問をしよう

第5章

イライラが「なるほど」に変わる！お母さんのためのお悩みQ&A

Q

子どもがかわいくて、つい何でも世話を焼いてしまいます。

A

わが子はかわいくて当たり前です。特に男の子はやんちゃで、かわいく思えてしまうところもあるんですよね。しかし、子どもが大人になっても世話をし続けたいと思うでしょうか？ 30～40歳になる頃には、さすがに、「もういい加減に家を出て行ってほしい」というのが本音ではないでしょうか。ニートなんて、とんでもないことですね。

小学生の間は、自分で判断がつかないことも多いので、親が手を差し伸べることは必要かと思います。ただ、中学生になる頃には徐々に見守るスタイルにしていかないと、自分の頭では考えられない、指示待ち人間になってしまいます。**放っておかれるくらいの距離にいて、物事を自由に決めさせてもらっていたほうが子どもも心地よい**ものです。

私は娘が小さいうちに学習塾を立ち上げたので、一緒に過ごす時間は限られていました。朝ご飯は作りますが、夜ご飯を作れないこともしばしば。最低限のことだけするようにしました。子どもの頃から「お母さんがあなたにかけられる時間はそんなにない」という姿を少しずつ見せてきているので、私の帰りが遅いときは自分で食事を準備するなど、早い段階で自立する行動を取れるようになりました。

「親も親でやりたいことがあって、自分の世話ばかり焼いてもらえるわけではないんだ」ということが伝わると、子どもは身の回りのことを自然と行なうようになります。

子どもは将来、必ず自分のもとから巣立っていきます。今かわいがりすぎて自分では何もできない大人に育てるのか、かわいがりつつも、将来自立した大人に育てるのか……少し先を想像すれば、自ずと親が取るべき行動は見えてくるはずです。

Q うちの子、忘れ物が多いんですが、どうしたらなくなるのでしょうか。

A **お母さんが簡単に手を差し伸べないこと**。これに尽きます。黙って観察すれば、自分で考えて動けるようになります。子どもが体操服を忘れたら、すぐに学校に持って行ってあげていませんか。そうではなく、あえて子どもに判断を委ねてください。

ある子は、体操服を忘れてしまい、妹の体操服を借りたと言います。友達から借りると名前が違うのでわかってしまいますが、妹なら苗字が同じですよね。一生懸命考えてそうしたのでしょう。ナイスアイデアです！

忘れ物をしないのはもちろん大切なことですが、**「忘れ物をしたときにどうする？」と考えることは、もっと大切です**。「困った。だからどうする？」と、その先を考えられる力を持つ子どもは、大人になっても困りません。

もちろん、忘れないための対策も有効です。忘れそうなことは手の甲にペンで書いておく、朝忘れてはいけないものは前日に、履いていく靴の中に入れておく、玄関のドアに「体操服を忘れないでね」とメモを貼っておくなどがあります。

忘れ物をしたら、考える練習だと思って、どうすればよいか、子ども自身に考えさせてあげましょう。

Q

子どもがよく嘘泣きをしたり、仮病を使ったりして困っています……。

A

「あなたならできる！」という声かけに変えましょう。

“かまってちゃん”に多いのが、嘘泣きや仮病です。私は学習塾で勉強を教えているとき、子どもが嘘泣きや仮病を使っているとわかった場合、一度その場から後ろのほうに離し、「また参加したくなったら声をかけてください」と言って、一切声をかけないようにします。子ども自身が自分で気持ちを切り替え、「やっぱりやります」と言ったときのみ、「じゃあ一緒にやろうか」と言います。なぜこんな対応をするのかというと、自分で自分の気持ちを切り替えられない子どもは、大人になったときに困るからです。

心配されたい人は、承認欲求が強い人です。「大丈夫？」「がんばっているね」という言葉がほしいのです。だから人の気を引く行動を取る。自己肯定感が低い人とも言えるでしょう。

本人は、心配されることがいいことだと思い込んでいるのですが、心配されるなんて、本来はよくないことですよね。

「あなたにこの仕事は無理だと思うけど、心配だけど任せるね」と言われるのと、「あなたならできると思うから、この仕事、よろしくね！」と言われるのとではいかがですか？　感じ方がまったく違います。

子どもを信じて、「できる！」という声かけに変えてみる。「がんばっていて、すごいね」と応援してみる。まずは声かけを変えるところから始めましょう。

Q

子どもに考える力をつけさせるために、親が気を付けることはありますか？

A

「なんでだろうね？」と問いかけ、子どもに考えさせる機会を作りましょう。聞かれたことを最初から最後まで教えても、何の力にもなりません。考える力をつけさせるためには、自分で気付かせることが大切です。

たとえば、お子さんが２分の１と６分の３の違いがよくわからなかったとします。けれども、ピザを食べるときに、「あれ？　２分の１と、６分の３って同じだね！」と自分で気付くとどうでしょうか。ほかに同様のケースはないか、すすんで考えるようになるはずです。何か子どもに聞かれたら、「おもしろいね。なんでだろうね？」と問いかけましょう。すると「次をもっと知りたい！」という好奇心がわいてきます。ポイントは「考える余地を与えること」です。親が説明しすぎてしまうと、答えだけを知りたがる子になってしまいます。そうなると、プロセスを楽しんだり、考えたりしなくなってしまいがちです。「答えを知りたい」→「お母さんに聞く」→「一緒に調べてみる」という流れが理想的です。

以前学習塾で文章題を解かせているときに、「式を教えてください」と言ってきた子どもがいました。「考える過程」がごっそり抜けています。「それを考えるのがあなたの役目でしょう？」と言うと、「習っていないからできない」との返答。「習っていないことをするのも勉強なんだよ」と伝えたのですが、理解させるまでに骨を折りました。教えすぎると子どもは考えなくなります。ぜひ質問を通じて、お子さんに考える機会を作ってほしいと思います。

Q

わが子に何が向いているのかわかりません。
どうやって見つけてあげればいいんですか？

A

とにかく、**子どもがしたがることに数多く触れさせましょう**。

職業柄、色々な職業の人に会いますが、好きな仕事をして生きている人は、本当に少ないなと感じます。好きなことが見つからないまま大人になってしまって「何となく」今の仕事をしているということなのでしょう。こういう人はどこか覇気がありませんし、仕事も長続きしません。やはり、好きなことを仕事にできるのがベストです。

そのためにも、子どものうちから様々なものに触れさせること。触れさせてみて合わなければ、やめさせればいいだけのことです。

よく「忍耐が大事」とも言われますが、その考え方は、もはや時代遅れです。山ほどある選択肢の中で、いかに早く自分の好きなもの、興味のあるものにめぐり会えるかが人生を決めるのです。

もし、「三度の飯よりゲームが好き！」というくらいゲーム好きなお子さんなら、ゲームクリエイターの道もあります。世界大会で活躍するプロゲーマーという選択肢もあります。YouTuberになりたいなら、実際にビデオカメラで撮影し、動画を作ってみればいいのです。

子どものうちは、何度でもやり直せる貴重な時間です。お母さんが子どもを鼓舞し、「失敗しても次がある！」「何度でもやり直せるんだ」とくり返し体感させることによって、好きなことがきっと見つかるようになります。

Q 中学受験をさせようかどうか、迷っています。

A **「子どもが第1志望に落ちても、途中で学校を辞めることになっても親の自分がサポートする、くらいの気概があるかどうか」**。それによって判断しましょう。中学受験は過酷です。人気の学校を受けようとすればするほど、並みの勉強量では受かりません。学校が終わったら塾へ行き、土日も模試に充てるなど、受験一色になってしまいます。

それだけやっても、第1志望に合格できる子どもは3割のみ。**7割の子どもが第2志望以下の学校へ行くことになります。**その事実を、まずお母さんがちゃんと把握しておくことです。落ちる確率のほうが高くても前向きにとらえて取り組めるかどうか。そして、落ちてしまったとき、子どもを前向きな方向に導いてあげられるかどうかが、非常に大切です。

また、もし入ってみたけれど合わなかったとしたら、さっさと辞めて公立の学校に行ったり、編入試験を受けるのも選択肢のひとつです。大事なことは、入学後、学校生活を継続できるかどうかです。継続するのが難しいのであれば、次の選択肢を考えましょう。

おわりに

２０１８年７月、東京・秋葉原駅近くに、保育園と学童を一体にしたＴｅｒａｋｏｙａ Ａｎｎｅｘをオープンしました。

リフォームを施し、スタッフもそろえて告知をしたところ、早速お申し込みをいただき、さあ、オープン。がんばるぞ！　と思っていた矢先、オープン７日目に、ある５歳の男の子が問題を起こしました。ふざけてばかりで、リクリエーションに参加しようとしなかったのです。話を聞いた私は、その子どもをみんなの輪から外してこう言いました。「ふざけて楽しいのは、あなただけ。他の人は不愉快な思いをしているので、いったん外に出ていただけますか」と。

その子にとって、はじめての経験だったのでしょう。しばらく外でわんわん泣いていました。一人っ子ということもあり、これまで大切に育てられてきたはずです。お母さんが先回りして世話をしてくれ、お父さんも優しくしてくれて、何

不自由なく育ってきたお子さんだということは一目瞭然でした。

しかしだからこそ私は、危機感を覚えたのです。本気で注意してくれる人がいないということは、この先ずっと、自分の行ないが正しいのだと勘違いしたまま大人になる可能性があるということ。それでは、周りに誰もついてきません。

本の中にも書きましたが、子どもは親（大人）の覚悟を見ています。

一度決めたことをすぐに撤回するような大人をナメてかかる一方、決めたことを決して曲げずに遂行するような大人は、子どもにとって信頼の的なのです。

だからといって私は、本心から子どもを外に出したいと思って先ほどの行動をとったわけではありません。その後どんな展開になるのか１００％予測できるわけではありませんから、毎回行動に移すときは、いつもドキドキです。けれども、本気でその子が変わることを信じて、気持ちを態度で示します。すると不思議なことに、子どもにもその本気が伝わり、「この人の言うことには耳を傾けよう」というマインドになるのです。ここが分岐点なのです。

最後になりましたが、本書を作成するにあたり、全国で活躍する親勉アカデミー協会インストラクターのみなさまには大変お世話になりました。深くお礼を申し上げます。本書を読んでくださったひとりでも多くのお母さん・お父さんが、お子さんをやる気にさせられれば、これほどうれしいことはありません。

そういえば、先ほど紹介したお子さんはその後、どうなったと思いますか。外に出て数分後、自ら「ごめんなさい」と謝ってきました。そして今も、元気に通っています。自分の力で一歩踏み出すことを覚えた子どもは、これから先の行動が大きく変わってきます。ぜひみなさんのお子さんも、新しい一歩を踏み出せるよう願っています。

２０１８年９月

小室尚子

小室尚子（こむろ・なおこ）

一般社団法人日本親勉アカデミー協会 代表理事。

山形県出身。大学卒業後、営業事務の仕事を経て結婚。夫の海外赴任で香港へ。現地で家庭教師をしたことをきっかけに、教えることに目覚める。帰国後、専業主婦として子育てをしていたが、「わが子を入れたい塾がない！」という思いから、2005年に学習塾TerakoyaKidsを設立。小学校受験・中学校受験に800人以上の生徒を合格させる。2014年より「親勉（おやべん）アカデミー」を主宰。勉強を遊びに変えてわが子に教える家庭教育法「親勉」を提唱。全国でインストラクターを養成しつつお母さん向けにセミナーを行ない、1万2000世帯以上の親子に遊びながら学ぶ楽しさを伝える。

2016年、日本親勉アカデミー協会を設立。「部首トランプ」「歴史人物トランプ」など、オリジナルカルタやトランプなどの教材開発も多数手がける。親勉インストラクターは海外を含め240名以上在籍。2018年7月には保育園と学童を一体にしたTerakoya Annexをオープン。


著書に、『楽しく遊ぶように勉強する子の育て方』（日本能率協会マネジメントセンター）、『小学校に入学後、3年間で親がやっておきたい子育て』（総合法令出版）ほか、『パンツをさがせ！パンツがぬげちゃった怪獣パルゴンの日本一周大ぼうけん』（ワニブックス）などがある。読売新聞、週刊女性、saitaなど、メディア掲載実績多数。

◆一般社団法人　日本親勉アカデミー協会
http://oyaben.com

男《おとこ》の子《こ》をやる気《き》にさせる勉強法《べんきょうほう》
―1万《まん》2000人《にん》の親《おや》が学力《がくりょく》アップを実感《じっかん》！

平成30年9月10日　初版第1刷発行

著　者　小《こ》室《むろ》尚《なお》子《こ》
発行者　辻　浩明
発行所　祥《しょう》伝《でん》社《しゃ》
〒101-8701
東京都千代田区神田神保町3-3
☎03(3265)2081(販売部)
☎03(3265)1084(編集部)
☎03(3265)3622(業務部)

印　刷　萩原印刷
製　本　ナショナル製本

ISBN978-4-396-61663-2 C0095

祥伝社のホームページ・http://www.shodensha.co.jp/